LES
BEAUX-ARTS
A BORDEAUX

(EXPOSITION DE 1895)

PAR

MAURICE LARUE

(Jean de la Rue)

BORDEAUX

FERET ET FILS

Libraires
ÉDITEURS

15, cours de l'Intendance

1896

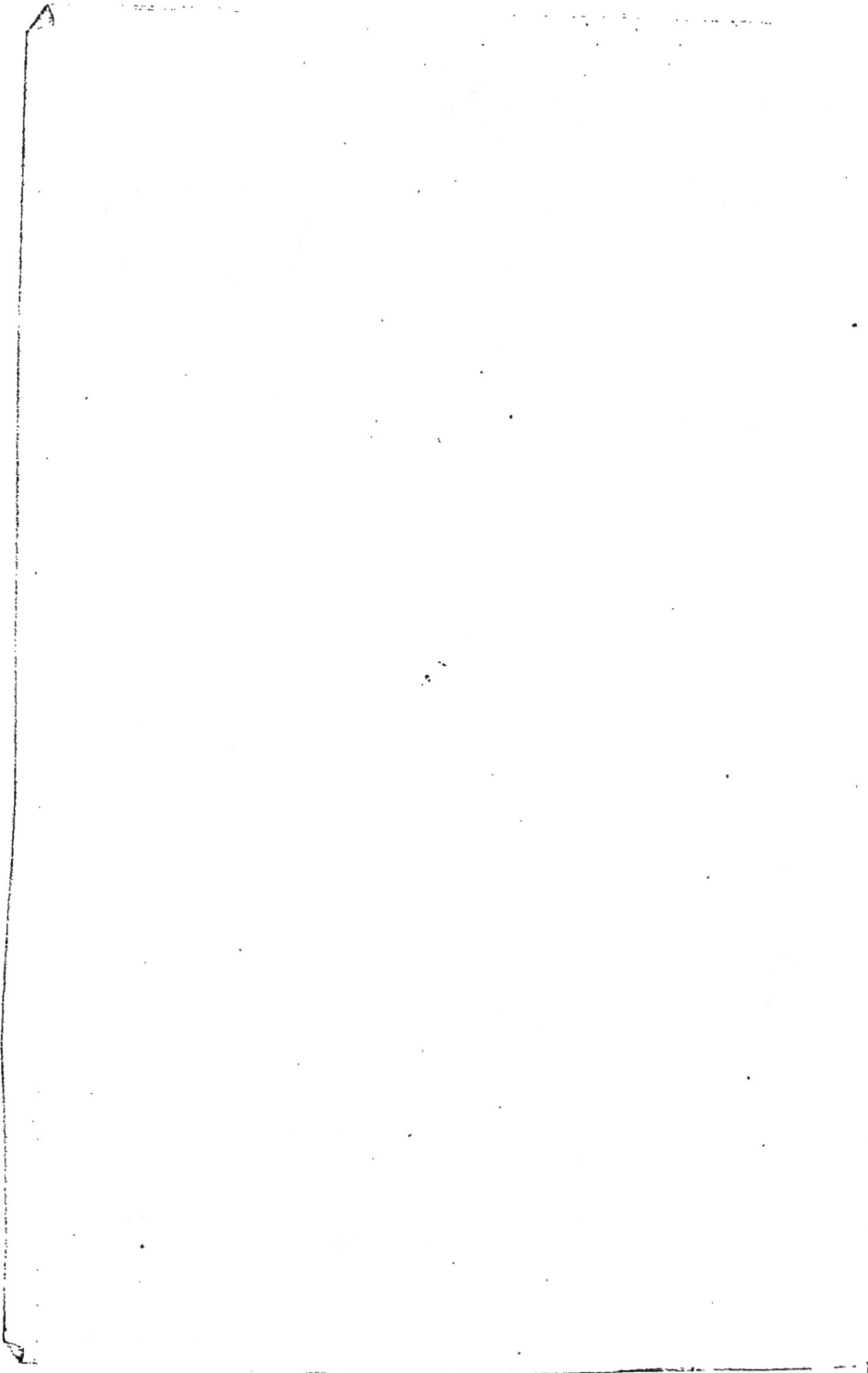

LES

BEAUX-ARTS

A BORDEAUX

A MES AMIS

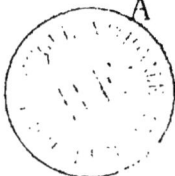

Puisse l'amour de l'Art dont mon âme s'enivre

Communiquer sa flamme aux pages de ce livre

Et puissiez-vous, amis, goûter en le lisant

Une part du plaisir que j'eus en le faisant.

MAURICE LARUE.

LES

BEAUX-ARTS

A BORDEAUX

(EXPOSITION DE 1895)

PAR

MAURICE LARUE

(Jean de la Rue)

<hr/>

BORDEAUX

FERET ET FILS, LIBRAIRES-ÉDITEURS

15, Cours de l'Intendance, 15

1896

PRÉFACE

Pour mes enfants,
s'ils veulent être artistes...

En considérant Odette, ta chère tête blonde et ton front pur où la vie n'a pas encore gravé ses soucis ; en admirant, Pierre, ta belle et tapageuse insouciance ; en examinant, mes enfants bien-aimés, ces cahiers d'études sur lesquels vos menottes chéries s'exercent à grand'peine à tracer les premiers caractères de l'alphabet, je reconnais volontiers qu'il est bien tôt encore pour occuper vos jeunes cerveaux de sujets importants.

C'est donc pour plus tard, pour beaucoup plus tard, que je vous écris, car, à cette heure, j'ignore quelle sera votre destinée intellectuelle, fatalement subordonnée, d'ailleurs, à vos goûts et à vos aptitudes dont je ne puis prévoir, même par conjecture, la nature et l'étendue.

Mais j'ai l'espoir, ma mignonne Odette, et mon petit Pierre, que parvenus à l'âge où l'on cherche sa voie, vous embrasserez ce culte des Beaux-Arts qui élève l'homme en éclairant son esprit de cette douce et bienfaisante lumière comparable à la lueur sereine dont l'âme s'illumine par la pratique habituelle de la vertu.

Et c'est précisément parce que j'ai le pressentiment de vous voir invinciblement attirés vers le décevant mais radieux mirage de la gloire artistique, que je tiens à vous donner, par anticipation, quelques conseils dont je souhaite que vous fassiez votre profit, alors qu'ils vous seront utiles et que je ne serai peut-être plus là pour vous les répéter

Si j'en crois, mes chers enfants, les symptômes significatifs de l'heure présente, vous vivrez dans une société encore plus égoïste, encore plus férue de *combativité,* encore plus égalitaire. encore plus utilitaire que la nôtre. L'incessant nivellement auquel, sous prétexte de recherche d'une égalité absolue, condescend la démocratie d'en haut, excitée par les clameurs jalouses et envieuses de la démocratie d'en bas, finira, son œuvre achevée dans l'ordre économique, par envahir également les régions intellectuelles, car il est malheureusement peu probable que ce même peuple, briseur de hiérarchies, qui a supprimé les inégalités de la naissance, qui médite de supprimer à bref délai les inégalités de la fortune, résiste au prurit de supprimer un beau jour ces inégalités de l'intelligence qui forment encore une sorte d'aristocratie.

Je ne crois pas, mes chers enfants, que l'existence paradisiaque que vous réserve le xxe siècle, consiste à cuire votre pain vous-mêmes ou à confectionner vos chaussures de vos propres mains, comme le comte Tolstoï. Je crains, cependant, que la place laissée aux choses de la pensée pure soit de moins en moins large, car, déjà, certaines sectes politiques, proclamant la nécessité de l'effort manuel de chacun, ne sont pas éloignées de considérer l'écrivain ou l'artiste comme des membres inutiles et quasi-parasitaires de la grande famille sociale.

C'est pour cela, mes enfants bien-aimés, que je vous recommande par dessus tout de ne vous livrer à votre passion d'art que si vous avez assez de courage pour l'accepter en simple supplément aux besognes plus immédiatement lucratives, lesquelles en vous rendant indépendants, vous laisseront la légitime fierté et la libre originalité des œuvres dont vous n'aurez pas besoin de trafiquer pour vivre.

N'oubliez pas, n'oubliez jamais que rien n'est ridicule et grotesque comme ces soi-disant ouvriers de l'Idée, battant en miséreux le pavé de la ville pour commercer de ce qui, logiquement d'ailleurs, se vend d'autant moins qu'on recherche davantage l'acheteur, car cette démarche parfois humiliante est, en présence des prix énormes obtenus par d'autres ouvrages, l'implicite aveu d'une fâcheuse infériorité. Pénétrez-vous bien de cette pensée que l'œuvre, longtemps caressée, mûrement réfléchie et amoureusement exécutée devient la chair de notre chair, fait désormais partie intégrante de notre Moi, et que la livrer au premier venu pour les prix dérisoires que la nécessité impose est une sorte de prostitution morale.

Vous pourrez vous y soustraire, mes chers enfants, seulement par un travail régulier, même servile, vous affranchissant des besoins quotidiens, car je n'ose envisager, en face de la guerre sans merci faite au capital, l'hypothèse d'une fortune héritée remplissant le même office.

Commerçants, artisans, livrez-vous sans rougir, et quelle que soit l'envergure de vos intimes songeries, aux besognes de votre profession, car le débardeur qui arrose son pain de ses sueurs est plus noble que le fainéant orgueilleux qui, ne pouvant réussir à vivre de son art, se targue bruyamment, pour masquer sa paresse, de l'étrange besoin d'une indépendance tellement factice, du reste, qu'il n'empêche ni les emprunts humblement formulés, ni les visites obséquieuses à ces *philistins* tant raillés, à l'heure fatidique et solennelle où l'on se met à table !

Voilà, mes chers enfants, ce qu'il convient de bien retenir. Soyez fiers, jaloux de votre liberté laborieusement acquise, et, à ce prix, à ce prix seulement, vous aurez le droit de vous dire des artistes d'autant plus raffinés que votre Art sera plus pur et dégagé de toute arrière-pensée de trafic rémunérateur. Quant à mon point de vue particulier en esthétique, je vous abandonne le soin de le déduire des théories que contient ce livre, mieux encore que des ouvrages nombreux de mon pinceau dans lesquels j'ai essayé de les mettre en pratique.

Laissez-moi, cependant vous le répéter en terminant : restez personnels! N'ayez cure de la vogue, méprisez le succès immédiat, ne vous inféodez jamais à aucun maître en renom! Mais aussi, souvenez-vous de la nécessité absolue du travail acharné et continu, des études attentives et patientes, si vous voulez parvenir à formuler intelligiblement ce que vous sentirez sourdement s'agiter et vivre dans votre cerveau. Rappelez-vous que toutes les manifesta-

tions du génie humain ayant, en définitive, pour
mission d'éclairer, d'instruire ou de récréer la col-
lectivité, doivent forcément, sous peine de stérilité
irrémédiable, être, comme l'a dit le poète, aussi
clairement énoncées que bien conçues.

C'est pourquoi elles sont et seront toujours sou-
mises à des règles dont je n'ai jamais mieux entendu
proclamer l'inutilité que par ceux qui ne les connaissent pas.

Maurice Larue.

Décembre 1895.   (*Jean de la Rue*).

LES
BEAUX-ARTS
A BORDEAUX

*On se trouvera bien de
ne parler des Beaux-
Arts qu'avec très peu
de gens.*

STENDHAL

I

LE GOUT DU BEAU

S'il fallait en croire la recommandation
prudente, peut-être sage, du grand psy-
chologue, ce serait presqu'une profana-
tion que de s'exposer, en pure perle, à
partager avec des âmes aux facultés com-
préhensives encore engourdies ou insuffi-
samment développées, le trésor subtil des

voluptueuses songeries que l'Art procure
à une élite rare.

Certes, il faut le reconnaître, les goûts
lentement et sûrement affinés, l'intuitive
pénétration d'une pensée tangible sous
une forme matérielle, exaspérant jusqu'à
la souffrance la spasmodique émotion res-
sentie devant une belle œuvre, ne sont
encore que l'apanage de quelques-uns.
Mais, nonobstant, l'esthète doit-il aussi ja-
lousement conserver pour soi les fortes
sensations cérébrales qui le torturent, à
la fois, et le ravissent, et croit-on, sincèrement, la foule assez confortablement
installée dans son ignorance, pour ne savoir tirer ni profit ni jouissance d'une dissertation artistique ?

Je ne le pense pas.

Je n'ignore rien des navrantes et stupéfiantes balourdises qu'une œuvre d'art peut
inspirer aux intelligences encore frustes.
Après les Goncourt hasardant cet apho-
risme pessimiste : « *Ce qui entend profé-*
» *rer de plus de bêtises est un tableau de*

» *Musée,* » je dirai, qu'en effet, il faut une
assez longue éducation de l'œil et de l'esprit, aussi bien pour comprendre et goûter
les bégaiements si savoureusement sug-
gestifs de l'Art au berceau, que pour com-
patir aux suppliciantes inquiétudes des
fiévreux chercheurs de notre époque de
transition, lesquels tout en acceptant res-
pectueusement le splendide héritage de
longs siècles d'art, s'épuisent à la décevante
recherche de cette formule, qu'ils veulent
nouvelle et définitive, de leurs intimes
conceptions.

Mais je crois aussi que pour les moins
initiés il y a, simultanément, avantage et
plaisir à entendre parler avec enthousiasme de l'une des plus hautes manifestations du génie humain. L'Art, du reste,
a ses croyants, ses fervents et ses fanati-
ques. Tout croyant véritable, tout fanati-
que sincère se double d'un Apôtre qui veut,
non seulement croire et adorer, mais
encore entraîner la foule indifférente ou
hostile vers sa Foi et son Adoration. Je

suis un des plus modestes mais aussi un
des plus convaincus parmi ces sectateurs
d'un nouveau genre, et j'estime, chers
lecteurs, que je trahirais mon amour
profond, mon amour religieux pour les
Beaux-Arts en n'essayant pas de le faire
partager aux plus réfractaires, à l'occasion de la magnifique Exposition orga-
nisée par la Société Philomathique.

***

Cependant, et cette déclaration est nécessaire avant d'entrer dans l'examen
détaillé des ouvrages, mon amour ne
porte pas sur les yeux le bandeau symbolique qui aveugle le petit dieu malin de
la Mythologie, et, à l'endroit des Beaux-
Arts, il est fait, en grande partie, de ma
pitié attendrie pour leur éternelle impuis-
sance.

Cet aveu peut paraître paradoxal : il
n'est que loyal et sincère !

Lorsque, pendant vingt ans, on a planté
son chevalet tantôt devant les vastes horizons, en berçant son rêve au rythme
enchanteur de la vague qui déferle ; tantôt
sous les ombrages épais des futaies majes-
tueuses, silencieuses et recueillies comme
les voûtes d'une cathédrale au calme apai-
sant; lorsqu'on a tenté de dérober la soie
brillante des fleurs, le velours discret et
adouci des fruits ou la chaste splendeur
d'un corps féminin éblouissant de radieuse
jeunesse, et que d'un œil loyal, bien sincère, bien détaché de l'orgueil mesquin, on
contemple avec émotion, à côté de ses études, la mer au soleil couchant, un vieux
chêne à l'automne, une rose, une pêche
ou une femme, on doit laisser tomber ses
pinceaux, et pleurer de découragement.

Oui, l'art humain ne saurait être, n'est,
hélas ! qu'un écho, qu'un reflet des splendeurs qui nous entourent, et si le penseur
aime tant à exalter les artistes, c'est que
les versions diverses que donnent ceux-ci
de ces intraduisibles beautés sont, avant

2.

tout, un irrécusable témoignage qu'ils ont su les admirer et les comprendre sinon les transcrire !

Voilà, à mon sens, dans quelles dispositions, il faut s'approcher des œuvres d'art, — pour y trouver, non pas une saisissante reproduction de la nature (ce serait là une pure chimère !) mais une émotion, une pensée, une indication précieuse de l'état d'âme de l'artiste créateur — Cet examen attentif et silencieux est fertile en trouvailles heureuses, s'il est fait en dehors de toute préoccupation d'une vaine habileté do main. Il m'est arrivé maintes fois de revenir ému, envahi de pensées graves et élevées, après une longue étude, au Louvre, des toiles suaves de Lesueur ou des austères peintures de Poussin, alors qu'un aimable tête-à-tête avec une *Fête galante* de Watteau et une égrillarde fantaisie de Carl Van Loo ne me laissaient qu'un fugitif souvenir aussitôt envolé !

Et cependant, je le dis ici au risque de

blasphémer artistiquement, je n'ose nommer ceux de ces peintres qui, au point de vue technique, au point de vue *métier*, me plaisent le mieux.

Disons-le, cependant : si l'Art n'a droit à notre admiration sans partage qu'à la condition d'accepter modestement ce rôle de barde ému de la Nature, il est des cas où Dieu semble avoir permis à certains hommes privilégiés, non pas de lui dérober le secret de la Création, mais de rapprocher de telle façon leurs œuvres périssables des beautés éternelles, que nos sens bornés en ressentent cette illusion délicieuse et raffinée qu'est, pour les rares initiés, la sensation presqu'immatérielle d'une pure esthétique.

Prétendre le contraire, serait se ranger délibérément, avec Pascal, sous la bannière de ces philosophes désabusés dont le regard hypnotisé par les redoutables problèmes, dédaignait, peut-être avec exagération l'effort humain, et qui, haussant les épaules devant les chefs-d'œuvre,

décrétaient avec amertume que *la peinture est une vanité.*

Or, ce n'est point ma façon d'envisager
la question ! J'ai seulement tenu, par ces
réserves qui indiquent la compréhension
d'une traduction possible de la pensée,
supérieure à sa traduction par les arts
plastiques, à me séparer avec éclat de
certains manœuvres d'art, dont l'intelligence trop abrupte les fait, après avoir
péniblement obtenu à force d'exercice
une certaine adresse matérielle, prendre
des airs majestueux de pontifes devant
d'habiles mais navrantes productions d'où
l'étincelle supérieure est et restera à
jamais bannie !

II

L'ART ANCIEN

Je ne puis résister à la tentation de traverser, même rapidement, les salles de l'Art Ancien, avant de commencer la revue détaillée des galeries de la Peinture moderne. Ce sera peut-être, au gré de quelques-uns, allonger inutilement cette Étude. Je vois cependant dans cet avant-propos succinct, inspiré par tant de merveilles entassées, une explication anticipée mais logique et nécessaire, des théories d'Art qui seront loyalement émises au cours de cet ouvrage devant les œuvres de nos Maîtres vivants.

Au surplus, tout s'enchaîne dans les choses de l'esprit, et le goût studieux de

la production quotidienne ne peut que
s'épurer et s'élever dans la contemplation
recueillie des trésors du passé !

Nous allons donc prendre par le plus
long, pour parvenir à ce *Salon Belge*,
par lequel devait, en principe, commencer véritablement ce travail, et admirer,
d'abord, la somptueuse salle ornée des tapisseries des Gobelins et de Beauvais,
gracieusement prêtées par l'État à la
Société Philomathique.

Certes, cette *Filleule des Fées* est un
ouvrage merveilleux, et il est difficile de
ne point être séduit par les effets, encore
qu'un peu vulgaires, de son coloris flam-
boyant et par ces fonds chatoyants où,
sur la symphonie des ponceaux, des éme-
raudes et des turquoises, s'enlèvent gracieusement de pures et idéales nudités.

Mon goût personnel va, cependant, aux
mélodies plus discrètes, à ces tonalités
plus délicieusement atténuées, dont les
laines rendent, mieux encore que la couleur, la poésie raffinée.

Voici, par exemple, la *Musique champêtre* et la *Musique guerrière*, d'après Chardin, deux merveilles qu'on ne saurait se lasser d'admirer. Les sujets sont ce qu'ils devaient être à l'époque où peignait l'idole de Diderot, c'est-à-dire que la *Musique champêtre* est un vain fatras de bibelots prétentieusement enrubannés à la façon de M. de Florian, dont n'usèrent certainement jamais les bergers à aucune époque, tandis que la *Musique guerrière*, très intéressant document d'archaïsme, nous montre ces singuliers instruments belliqueux du xviiᵉ siècle qui sont : une cornemuse, un basson, une timbale de cavalier, une trompette et des cymbales. Mais quelle science de l'arrangement et de l'effet, quelle finesse de touche pieusement transportée du tableau original, peut-être dégradé ou poussé au noir, à l'indestructible tapisserie !

J'ai vu au Louvre ce *Portrait en pied de Louis XIV* de Rigaud. — On peut reprocher à l'élève et au continuateur de

Mignard, surnommé avec raison le Van
Dyck français, la pompe un peu solennelle, l'emphase un peu outrée des po-
ses et des draperies, mais, si l'on veut
bien se souvenir qu'Hyacinthe Rigaud
peignait au milieu du faste lourd d'une
cour où, selon le mot de Viardot, Jouvenet exagérait encore l'exagération de
Lebrun, on trouvera la manière du laborieux artiste presque sobre! Il faut également admirer le fini précieux du travail, surtout si l'on songe à la prodigieuse fécondité de Rigaud qui produisit,
dit un de ses biographes, en dix-sept années : *six cent vingt-trois portraits de
toutes grandeurs!* Constatons-le, malgré
ce labeur énorme, l'artiste dédaigna toujours l'indication sommaire de ses modèles sur des toiles incomplètement cou-
vertes par les *frottis* multicolores d'une
brosse négligente.

Pour comprendre, pour admirer, pour
adorer Raphaël, il faut non seulement
avoir acquis lentement, patiemment,

amoureusement, cette passion du Beau
qui peut aller jusqu'au délire, mais encore avoir étudié le grand homme chez
lui, si j'ose ainsi m'exprimer, c'est-à-dire
dans ces merveilleuses *Stanze du Vatican*, où le protégé de Jules II a prodigué
sans compter les trésors de son sévère et
noble génie. Ceux de mes lecteurs qui ont
vu le *Miracle de Bolsena*, où un prêtre
disant la messe en doutant de la présence
réelle, voit soudain du sang sortir de
l'Hostie et couler sur le *corporal;* ceux
qui ont vu la *Dispute du Saint-Sacre-
ment*, ceux qui ont vu resplendir, dans
la grande bataille de Constantin contre
Maxence les mots célèbres : *In hoc signo
vinces !* comprendront facilement que ce
n'est pas ici le lieu de payer au divin
Sanzio le tribut d'enthousiastes éloges
auquel il aura éternellement droit.

L'Exposition de la Société Philomathique nous offre, en effet, l'occasion de
parler de l'amant de la Fornarina, mais
hâtons-nous de l'ajouter, peut-être eût-il

mieux valu n'en rien dire que d'être
obligé de critiquer le choix des œuvres
qui nous sont montrées. Les *Adieux de
Vénus à Junon et à Cérès* et *Jupiter et
l'Amour* ne comptent certes pas parmi
les meilleures œuvres de l'élève du Péru-
gin (1). Le ton uniformément bleu de ces
ouvrages, aussi bien que cette bizarrerie
de composition qui encadre les personnages de gerbes de fleurs et de fruits en
forme de V, suffit, à mon sens, à rendre
étranges ces œuvres dont la ligne, incontestablement belle et pure, n'est pas,
hélas ! agrémentée par la magie d'un coloris vénitien. Et, au sujet de l'infériorité
de ces ouvrages, infériorité que j'estime
être évidente, faut-il donner mon sentiment tout entier ?

Dans ses *Promenades dans Rome,* Sten-

---

(1) Je prie de remarquer que je continue à ne
m'occuper des tapisseries que comme *fac-simile*
de tableaux, laissant à de plus compétents le
soin de parler, au point de vue technique, de
l'art du brodeur.

dhal dit avec beaucoup de raison que Raphaël, croyant aux miracles qu'il peignait, avait un *avantage immense*. Comme c'est absolument mon avis, me sera-t-il permis de supposer que lorsqu'il abordait les aimables fictions de la vieille Mythologie, ce grand homme, chrétien fervent, n'était plus animé que d'un scepticisme se traduisant par un abaissement notoire du niveau de sa production artistique, l'Art — le vrai — ne pouvant être sceptique !

III

Ce scepticisme, nous le retrouverons tout à l'heure dans les productions de l'Art flamand, art d'un fini précieux et d'un admirable travail, j'en conviens, mais d'une envergure intellectuelle moindre. Cependant avant de passer à l'étude proprement dite de ces reliques d'une époque révolue, reliques dont l'admiration ne peut aller sans une série assez compliquée de suppositions et de déductions, attendu que ce qui reste de ces œuvres ne doit donner qu'aux seuls initiés l'idée, encore approximative, de ce qu'elles furent véritablement en sortant des mains de l'artiste, délectons-nous aux somptuosités rares que nous offre cette salle magnifique des tapisseries que nous n'avons point achevé de parcourir.

Dans l'exquise douceur des tissus qui
donne, en l'absence de l'or banal des cadres, la sensation subtile d'un luxe sévère
mais raffiné, passent, telles les formes
pures évoquées par les rêves amoureux,
les radieuses nudités signées des Lefebvre,
des Baudry, des Luc-Olivier Merson, des
Maillart... Il semble, tout d'abord, que le
génie humain ait dit son dernier mot,
mais les stupéfiantes reproductions des
chefs-d'œuvre du paysagiste Français sont
là pour nous apprendre qu'un Maître,
vivant encore, a su, par sa poétique
interprétation de la belle nature, s'élever
plus haut.

J'engage très-sérieusement tous nos gâ-
cheurs de toiles prétentieux, tous ceux
qui, désespérant d'apprendre jamais la
langue que Français nous parle, après
Ruysdaël, Claude Gellée ou Corot, ont
imaginé un *argot* de ce sublime idiome,
dans lequel la lourdeur des idées le dispute aux épaisseurs de la couleur, à venir
dévotement faire amende honorable de-

vant *Daphnis et Chloé*, devant l'*Automne*,
devant l'*Hiver*, devant l'*Hiver*, surtout !

La Manufacture Nationale de Sèvres a
contribué à rehausser l'éclat des envois
des Manufactures des Gobelins et de
Beauvais.

Ces produits de la céramique ne rentrant pas dans le cadre que je me suis
tracé, je dois me borner à louer, au point
de vue décoratif, l'effet grandiose de certaines pièces exposées à part sur des socles, et, après avoir jeté un regard de regret sur les vastes vitrines où l'art des
Palissy semble avoir réuni ses plus beaux spécimens, nous pénétrerons dans ces
salles de l'Art ancien, non cependant sans
avoir salué au passage ces exquis *pichets*
de Ledru, aux anses faites de nudités
adorables, vaporeusement répétées en demi-bosse sur les flancs rebondis, gracieuse
innovation d'où a découlé, je le suppose,
la récente renaissance de l'art trop longtemps délaissé des étains ouvrés.

IV

Comme il y a la sensibilité et la sensiblerie, la sentimentalité et le sentiment, il y a l'antiquité et l'antiquaille.

Pour un observateur superficiel, la patine du temps, vraie ou habilement simulée, la rouille, les raccommodages astucieux, le *maquillage* en un mot, peuvent donner aux objets une apparente plus-value, absolument comme un air habituellement grave et sentencieux, un énigmatique rictus, une calvitie abondante et des lunette d'or peuvent imprimer le cachet des profondes pensées sur le front du plus parfait imbécile.

Voilà pourquoi c'est surtout de son impression première qu'il faut se défier, en pénétrant dans ces salles où sont pieusement étiquetés les trésors de ces grands enfants naïfs que sont les collection-

neurs. Je sais, pour ma part, trop d'his-
toires d'œuvres apocryphes vendues à
beaux deniers comptants par d'effrontés
aigrefins à de crédules bourgeois, pour
ne point user de circonspection extrême
en m'approchant de vieilleries vénérables,
trop semblables, pour la plupart, à ces
cannes uniques de M. de Voltaire, dont
on aurait pu, en les réunissant après leur
étrange multiplication par l'engouement
public, complanter toutes les landes de
Gascogne!

Par une note imprimée en tête de son
catalogue, la commission de l'Art ancien,
chargée par la Société Philomathique de
l'organisation de cette partie de l'Exposition, a fort prudemment décliné à l'avance
*toute responsabilité au sujet des attribu-
tions ou désignations données par les
propriétaires des objets exposés.*

Voilà qui est évidemment fort bien et
nous applaudissons d'autant plus à cette
sage mesure qu'il faut parfois beaucoup de
prétention pour affirmer catégoriquement

une opinion devant une œuvre datant de
plusieurs siècles, alors que nous voyons,
de nos jours, après cette exhilarante histoire du Rembrandt du Pecq, nos plus
fameux experts (— nos experts, ó Molière,
valent cent fois tes médecins ! —) ne pas
pouvoir décider si telle toile de Charles
Jacque, mort il y a à peine quelques années, est bien de lui ou d'un obscur pla-
giaire.

Nous passerons très vite dans la Section
d'iconographie, laquelle est de mon ressort,
cependant, par ses beaux portraits peints,
et les merveilleuses enluminures que con-
tiennent certains manuscrits précieux.

Cet art de l'*imaygier* évoque dans mon
esprit, avec ses coloriages patients et minutieux de microscopiques figurines, je
ne sais quelle consolante vision de travail
obscur et tranquille au fond d'un cloître,
alors qu'au dehors, se donnaient libre
cours les massacres, meurtres, rapines
et incendies de cette féroce époque du
Moyen-Age.

Voici, par exemple, le *Livre de Prières de Talbot*, aux lettres finement ornées, pris, dit le catalogue, à la bataille de Castillon. Je ne puis, certes, parler en aucune manière, de l'authenticité de cette pièce dont la vente fit un certain bruit il y a quelques années. Je ne puis dire, avec Jehan Froissart : « *En tel lieu, telle chose advint, j'y estois !* » je m'abstiens donc.

Mais, puisque c'est ici, surtout, le cas de dire que la foi sauve, je ne puis regarder ce simple manuscrit sans avoir la fulgurante impression du farouche comte de Shrewsbury, fuyant en abandonnant ses bagages et ses tentes après la terrible et dernière défaite que lui infligèrent dans les plaines que la Dordogne arrose les hommes d'armes de Charles VII (1). Voici

(1) Ce rapide croquis de la bataille de Castillon est, je dois le reconnaître, en désaccord avec quelques documents historiques qui tendraient à démontrer que Talbot, tué au début de l'ac-

de vieilles *Chroniques de Normandie*, ou-
vertes sur une miniature admirable de sè-
cheresse naïve et de précision minutieuse,
représentant un assaut. N'est-ce point là
l'expression bien synthétique de la belli-
queuse vie de ces Northmans, qui ont
rempli les premiers siècles de notre histoire du désolant écho de leurs incursions
déprédatrices. Puis, ce sont, au milieu de
nombreux incunables, des estampes précieuses, des vues de cités — (combien
transformées depuis!) — comme, par
exemple, ce Bordeaux en 16.., gravé à
Amsterdam, et traversé par le *Fleuve
Carone* (sic).

Voici le portrait gravé du sinistre La-
combe, évoquant cette sanglante époque
de la Terreur, à laquelle va nous faire
songer encore davantage ce portrait, mé-

tion, n'eût pas le loisir de fuir après la défaite.
Je veux me borner à rappeler que ce n'est
point ici le lieu de controverser un point d'histoire.

diocrement peint, mais d'un intérêt
documentaire incontestable, de Guadel,
décapité à Bordeaux le 1er Messidor,
An II. — C'est encore un souvenir de la
Révolution que nous apporte ce cadre
renfermant un jeu de cartes d'où le ci-
visme exaspéré de nos aïeux avait soigneusement expurgé les rois, les reines et les
valets. Elles sont presque réjouissantes,
ces puérilités perpétrées, cependant, au
bruit sourd du canon des frontières et au
rythme effroyable du couteau de la guil-
lotine, et l'on ne peut s'empêcher de
sourire, en voyant que la dame de pique
s'appelait : *Lumière*, la dame de trèfle :
Pudeur, la dame de carreau : *Industrie*,
et qu'enfin, la *Liberté des Cultes* (!?) était
symbolisée par la dame de cœur.

Nous pouvons (enfin !) regarder respec-
tueusement les vieux tableaux.

C'est, d'abord, un Ruysdaël dont les
arbres décolorés ont, sur le ciel d'un gris
savoureux de soie fanée la mélancolie
douce des choses qui meurent. C'est un

portrait d'Holbein — et s'il n'est pas d'Holbein, il le mérite certainement, par l'extrême perfection de la touche.

J'ai admiré longuement cette tête de vieille femme, minutieusement écrite d'une brosse sobre et merveilleusement habile, et je songeais, en la regardant, à cet étonnant profil d'Erasme que possède le Louvre, et dans lequel le maître bavarois a su reconstituer avec une si étrange vérité la personnalité morale du grand savant hollandais. Holbein a joui de la singulière faculté de peindre indifféremment avec les deux mains. Cela explique, à la fois l'importance de son œuvre pour une vie trop courte, hélas! abrégée par la peste, en même temps que l'adresse stupéfiante qui le fit, à propos du portrait de cet infortuné Tom Moore, décapité par ordre de Henri VIII, confondre avec le grand Léonard.

Etre pris pour l'auteur immortel de la Joconde, c'est un titre, n'est-ce pas? et, cependant, il convient de ne le point oublier, Holbein, dessinateur et graveur, conserva toujours, même en peignant, une certaine dureté de trait qui disparut ensuite des ouvrages de ses continuateurs, s'inspirant de sa manière, mais bénéficiant des récentes découvertes de procédés matériels nouveaux. D'ailleurs, pour reconnaître un véritable Holbein, il est bon de se souvenir que par documents authentiques dernièrement mis au jour, la mort du grand Allemand doit être fixée à 1543 au lieu de 1554 ainsi qu'on le croyait d'abord.

V

Puisque nous ne devons que passer rapidement dans ces galeries semblables à
de pieux et mystérieux cénotaphes élevés
aux supérieures intellectualités disparues,
puisque nous ne pouvons nous abandon-
ner complètement aux émotions délicates, aux subtiles spéculations que font
éclore dans l'esprit pensif ces vieilles œuvres si fertiles en ressouvenirs, pressons
un peu le pas, car je m'aperçois que ravi
par les agréments d'un voyage dont les
horizons se renouvellent sans cesse, je
me laisse insensiblement entraîner à des
digressions dont l'utilité, peut-être contestable, ne rachète qu'imparfaitement l'incontestable prolixité.

Laissez-moi, cependant, vous signaler
encore ce Ribera, (*Le Philosophe et son
élève*) d'une belle couleur chaude et dorée

dont se souvint peut-être plus tard Murillo, lorsqu'au sortir de l'étude attentive et laborieuse des grands maîtres du coloris, Titien, Rubens, Van Dyck et Ribera lui-même, il employait simultanément ces trois genres que les Espagnols ont nommés : *frio, calido y vaporoso* (froid chaud et vaporeux). C'est, je le sais, Francisco Zurbaran que l'on nomme le plus communément le Caravage espagnol, mais je trouve, nonobstant, une étrange analogie entre Ribera et le maître italien bien que, disons-le, la contemplation intelligente des suavités de Corrège ait adouci dans une certaine mesure les rudesses voulues d'un artiste dont, entre parenthèses, le livret de notre Exposition paraît avoir estropié le nom. *Lo Spagnoletto*, en effet jaloux d'affirmer sa nationalité, même au sein de l'Italie, sa patrie d'adoption, prenait la peine de signer tout au long *Giuseppe de Ribera — Español*.

Il n'était pas jaloux seulement de cela,

cet excellent compatriote de Don Qui-
chotte, et l'histoire nous apprend que
chez lui prirent naissance ces *fazzioni di
pittori* qui faisaient, *même au poignard*,
la guerre aux écoles rivales. Quand Annibal Carrache, Guide et le Josépin furent appelés à Naples pour décorer le
duomo de Saint-Janvier, ils furent obligés
de s'enfuir pour éviter les coups de spa-
dassins comme Correnzio et Caracciolo,
à la solde de Ribera. D'aucuns préten-
dirent même que le Dominiquin avait été
empoisonné par les soins de cette artistique mais peu estimable association. Fu-
reurs passées, direz-vous, autres temps,
autres mœurs !

Mon Dieu ! chers lecteurs, les choses
n'ont peut-être pas autant changé que
vous le pourriez croire, et il me suffirait,
pour vous le démontrer, de vous conter
la singulière anecdote de ce peintre —
combien moderne cependant ! — faisant
discrètement répandre par ses amis le
bruit qu'à la suite d'un entraînement ra-

tionnel, il était désormais en mesure de
défendre ses tableaux avec son épée ! —
Ce qui faisait dire, du reste, à Jacques
Curieux, cet incorrigible railleur :

— « Sacrebleu ! pour être défendus de la
sorte, il faut qu'ils soient bien mauvais !...»

Avec Breughel, nous abordons ce genre
trivial dans lequel devait exceller Te-
niers, et dont on a voulu, plus tard, et
peut-être à tort selon moi, faire un crime
énorme à Louis XIV de ne l'avoir point
suffisamment admiré.

Il faut distinguer entre les Breughel. —
L'aïeul, le créateur du genre comique —
(du genre grotesque, si vous voulez) c'est
Pierre Breughel (le Vieux), (*entre 1510
et 1600*) que l'on surnomma *le Paysan,
le Jovial* ou *le Drôle* pour ne pas le confondre avec son fils, Jehan Breughel
de Velours, et son petit-fils Pierre Breughel
(*d'Enfer*). C'est à Pierre Breughel, le
Vieux, que revient le faible mérite d'avoir
commis le plus colossal anachronisme
pictural que l'on puisse imaginer.

En effet, dans son *Portement de Croix*, le peintre flamand fait passer au loin, pour gagner le Calvaire hérissé des bois du supplice, d'abord une charrette contenant les deux larrons *exhortés par un moine tenant un crucifix à la main !* puis Jésus, portant péniblement une pièce de bois mal équarrie, au milieu d'une multitude vêtue de pourpoints et de hauts-de-chausses. Il y a là, incontestablement, ou invraisemblable étourderie, ou plaisanterie lourde. Dans les deux cas, on voit à quel niveau intellectuel peut s'élever cet art matérialiste dans lequel on ne peut guère sérieusement admirer que le travail parfois merveilleux du pinceau.

Je dois encore signaler dans cette galerie, des pages intéressantes sinon, hélas ! absolument et indiscutablement authentiques de Salvator Rosa, de Guido Reni, de Chardin; des dessins originaux, à la sanguine, de Watteau; de délicieuses gravures coloriées de Debucourt, si fines, si précieuses, si documentaires, surtout:

une excellente cuisine de Guillaume Kalf,
un maître dans le genre secondaire qu'il
avait choisi, et qui est, entre parenthèses,
assez généralement et assez injustement
dédaigné, car seul, parmi les grands Musées d'Europe, notre Louvre possède
quelques-unes de ses toiles.

Examinerons-nous, maintenant, les collections d'armes qui ajoutent peut-être
intempestivement un accent belliqueux à
ces pacifiques lambris ? — Non. — D'a-
bord, nous mentirions à notre titre; la
colichemarde qui crevait les poitrines, la
pertuisane qui rompait les membres, l'es-
tramaçon énorme qui fendait les crânes,
n'ayant, à mon sens, et malgré leurs ci-
selures habiles et patientes, qu'un rapport excessivement vague avec les Beaux-
Arts proprement dits. Et encore, je ne
signale que pour mémoire, bien entendu,
l'idée étrange — (j'allais dire saugrenue)
— de cet amateur singulier qui a intro-
duit dans les galeries de l'*ART*, *un ins-
trument de supplice du Moyen-Age !!...*

Mais, tout en négligeant ce que j'appellerai des non-valeurs au point de vue artistique pur, il n'est pas possible de quitter ces salles sans jeter un regard sur tous
ces beaux bahuts d'un travail si précieux,
d'un style si élégant et si savoureux, et
dans lesquels ne se trahit jamais la hâte
de l'artisan pressé d'achever pour ven-
dre, et sur ces splendides faïences d'Italie, de Delft, ou de Rouen, qui murmurent
délicieusement la ravissante symphonie
de leurs couleurs délicatement atténuées,
à côté des émaux limousins, d'un intérêt
purement technique, car l'art y est par
trop naïf.

Voici, près d'une vitrine contenant des
éventails merveilleux, véritables bijoux
faits d'ivoires sculptés, d'arachnéennes
dentelles et de soies peintes, des atours
rares d'ancêtres, des robes Pompadour
aux petits bouquets de soie, des habits de
cour aussi artistiquement que somptueu-
sement brodés et qui laissent hélas ! loin
derrière eux, le ridicule et lamentable

uniforme de croque-morts qu'est notre
moderne habit de cérémonie. Tout cela,
sous les vieux portraits pensifs des abbés
mitrés, des gentilshommes poudrés à fri-
mas et des juges graves en simarre,
paraît s'animer, s'agiter doucement, vivre, et, hier, il m'a semblé, Dieu me par-
donne! entendre le gracieux babil de
toutes ces mignonnes marquises fardées,
coquettes, frivoles et légères, que vint,
tel un balourd écrasant un fragile bibelot
de Saxe, briser la tourmente révolutionnaire.

Les chasubles et chapes qu'expose M.
l'abbé Gabriel, ont, en dehors d'une véritable valeur artistique, un intérêt historique de tout premier ordre. Ces orne-
ments ont appartenu à Mgr Christophe
de Beaumont archevêque de Paris, le
fougueux adversaire des Jansénistes. Le
livret, qui n'en est plus à compter ses
erreurs, indique donc, à tort, que Mgr de
Beaumont fût archevêque de *Bordeaux!*
Détail intéressant : la chape en velours

épinglé violet et vert, a été confectionnée
avec une robe que Marie Leczinska,
femme de Louis XV, avait donnée à l'archevêque de Paris pour en faire un orne-
ment d'église.

Voulez-vous, maintenant, une sensation étrange et forte de Moyen-Age ? —
Voyez, dans la section flamande, ces ja-
quettes d'acier, ces arbalètes, ces vieux
étendards, ces meubles massifs, ces
lourds ustensiles de cuivre, ces tapisseries fanées aux personnages démesurés,
ces plats d'étain, ces tryptiques aux précieuses enluminures à la détrempe, ces
peintures fines et sèches des Primitifs flamands, dont les attitudes, touchantes de
gaucherie naïve, comme par exemple ce
Christ descendu de la Croix, dégagent
cependant une intense émotion.

Voulez-vous, enfin, goûter l'impression
somptueuse du luxe un peu lourd de ce
qu'on a appelé le Grand Siècle ? Admirez,
tout en aspirant un peu d'air frais par la
grande baie vitrée qui découvre le pano-

rama merveilleux de notre rade, ces meubles Louis XIV, ces torchères de cuivre, d'un style pur mais sévère, où semble transparaître, la pompeuse et massive splendeur de Versailles. Jetez un dernier coup d'œil sur ces portraits, anonymes pour la plupart, et dont un, au moins, un portrait de femme, est d'une parfaite et extraordinaire beauté, et quittons, à regret, toutes ces richesses, car nos amis les Belges, nous attendent depuis assez longtemps.

LE SALON BELGE

LE

SALON BELGE

I

L'art Belge n'est qu'une subdivision de
cet art des Pays-Bas qui comprend sous sa
dénomination générique, outre les Écoles de Belgique, cette merveilleuse École
hollandaise plus personnelle, à mon avis,
car Rembrandt, coloriste prestigieux mais
profondément original, a su ne laisser
que peu ou point transparaître cette influence des maîtres italiens que l'on retrouve si visiblement chez Rubens et
Van Dyck.

On peut diviser l'Art belge en deux

Epoques bien distinctes. Dans la première, le génie des Primitifs flamands, aux prises avec les difficultés matérielles des anciens procédés à la détrempe, conserve cette raideur disgracieuse qui fait que leurs œuvres ont bien plutôt un intérêt documentaire et iconographique qu'artistique proprement dit. Cette période assez mal définie et que l'on peut approximativement faire remonter aux frères Van Eyck (Hubert et Jehan vers 1366-1441) s'arrête à la mort de Quintin Metzys. En effet, après le *Maréchal d'Anvers*, l'art flamand alla en Italie chercher des modèles et des leçons, et bientôt, avec Jean Gossaërt (de Maubeuge) (1470-1552) commença cette espèce de compromis entre les manières du Nord et celles du Midi, qui devait aboutir au glorieux épanouissement de Rubens et de son école qui est, ce que j'appellerai la deuxième *Epoque* de l'Art belge.

Disons-le, cependant. On trouve dans l'art flamand pur, c'est-à-dire avant l'adultération de son originalité native par l'influence des Écoles vénitiennes ou florentines, des ouvrages que l'on peut sans crainte qualifier de chefs-d'œuvre.

La *National Gallery* de Londres possède deux simples têtes, *Le Christ* et *La Vierge*, de ce Quintin Metzys, surnommé le *Maréchal d'Anvers*, parce qu'il avait commencé par être simple forgeron. C'est de ces deux ouvrages que M. Charles Blanc, je crois, a dit qu'ils étaient d'une beauté morale telle qu'il faudrait aller jusqu'à Raphaël pour leur trouver une judicieuse comparaison. Le père de la glorieuse école d'Anvers fut donc un de ces hommes prédestinés qui triomphent dans les arts sans avoir bénéficié des longues et savantes préparations dont s'enorgueillissent les médiocrités de tous les temps, et simplement par suite d'une mystérieuse et instinctive attirance vers le Beau éternel, tel, ce Zingaro qui était chaudronnier ambulant, ou Corrège qui était goujat de maçon. Quintin Metzys, je

le répète, était forgeron, et l'on peut voir,
à Louvain, par exemple, des vignes en
fer ciselé, qui sont, avec les beaux travaux
du tombeau d'Edouard IV dans la Cha-
pelle de Windsor, ses premiers essais
d'art véritable. La légende gracieuse a
voulu cependant que ce fût à l'Amour que
le *Maréchal* fut redevable de son élévation intellectuelle, et on est, du reste,
confirmé dans cette opinion, en lisant
l'épitaphe de l'artiste dans la cathédrale
d'Anvers :

Connubialis amor de mulcibre fecit Apellem (1).

Les considérations qui précèdent avaient
pour but, dans ma pensée, de rappeler
succinctement les origines de l'Art belge,
et d'attirer l'attention sur le phénomène
bien particulier de cette absence à peu
près complète d'originalité qui en reste
le signe distinctif.

---

(1) L'amour conjugal fit d'un forgeron un
Apelle.

Puisque je ne vais plus désormais m'occuper que des Modernes, faut-il dire qu'il
se retrouve bien encore tout entier dans
notre Salon Belge, ce puéril souci d'emboî-
ter le pas aux formules et aux procédés en
vogue. Jehan Gossaërt allant s'inspirer des
Italiens, est devenu légion, et point n'est
besoin d'être grand clerc en la matière,
pour reconnaître, le long des cimaises, et
sous des signatures d'une obscurité opa-
que, le *pointillisme* selon Untel, le *pri-
mitif* selon Machin, et le *préraphaélisme*
selon Chose !

Nous avons eu cette épidémie de... de
plagiat, tranchons le mot, dans la littérature, à cette époque encore proche où
les succès à la Mangin de la prose fumeuse
et soi-disant symbolique des Tolstoï et des
Ibsen semblaient vouloir chasser toute
clarté de notre génie national, et auréo-
laient d'un rayon de gloire artificielle ces
inintelligibles et baroques poëmes au style
encore plus embroussaillé que la cheve-
lure de ce délicieux fumiste qu'est le bon

Péladan, inventeur de la monumentale cocasserie de la Rose + Croix ! — Nous sommes heureusement revenus de tout cela, et, en peinture, les plaisanteries de Sisley, et les caricatures de Willette ont déjà cessé de nous faire rire. Les Belges, il faut l'avouer, sont un peu en retard sur nous, et persistent à trouver drôle de placer des animaux lilas dans un paysage strié de confettis multicolores. Cela passera, évidemment, mais je devais signaler le mal, ne fut-ce que pour, dans la mesure de mes faibles moyens, en hâter la guérison.

Certes, tout n'est pas uniformément bizarre dans le Salon de nos voisins, et il conviendra, tout à l'heure, de faire un triage sévère parmi les œuvres exposées et dont quelques-unes, trop rares malheureusement, ont droit à l'éloge sans réserves. Mais l'impression générale, plutôt fâcheuse, qui se dégage de l'ensemble des ouvrages, est qu'on a agi avec une regrettable précipitation en faisant

franchir la frontière à certaines toiles
qui eussent eu tout à gagner à conserver rigoureusement un prudent inco-
gnito.

II

Passons maintenant à l'examen détaillé des œuvres.

La *Misère humaine*, de M. Van Aken est une page superbe et loyale, un peu brutale peut-être, mais d'une grande philosophie dans l'indicible et navrante désespérance qu'elle dégage.

Cette jeune malade, phtisique probablement, qui conte ses souffrances en appuyant une main crispée sur sa poitrine creuse, à une voisine montée auprès d'elle, moitié par pitié et moitié par curiosité, fait passer dans l'âme du spectateur un douloureux frisson de muette horreur. Cela est saisissant comme la réalité même, sans pose mélodramatique, d'une sobriété de moyens absolument louable. C'est de l'art réaliste, mais du meilleur, et qui s'élève jusqu'à la leçon de philosophie par la

résignation morne qui semble découler de
l'œuvre.

*Les Derniers jours de la Vierge à Jé-
rusalem*, n'ont pas, je le suppose, la prétention d'être une peinture religieuse
dans le sens élevé du mot. Je ne vois là
qu'une imagerie sèche et froide, avec des
personnages dont les ajustements fantai-
sistes font songer à Breughel et à ses ana-
chronismes fameux. Le talent de M. de
Vriendt ne peut évidemment s'élever jusqu'à la composition sacrée, et je le préfère dans la simple anecdote peinte, telle
cette *Femme au repos en Flandre*, d'une
conception banale, mais d'une coloration
grise très-douce.

Dans sa vaste composition — trop
vaste, à mon avis, — *Sur l'Escaut*, M.
Charles Mertens a noté avec une grande
sincérité et une grande justesse de vision,
le paysage flamand et l'attitude lourde
des mariniers de son pays. Il est regrettable qu'il n'ait point vu l'écueil de ces
vastes panneaux ouverts au premier plan,

qui forment, malgré d'assez inexplicables
bariolages de touches multicolores, une
énorme tâche noire d'un fâcheux effet.
Au demeurant, peinture solide et honnête, mais sans accent personnel.

Quand M. Horenbant voudra pousser
un peu plus sa facture et veiller plus
scrupuleusement aux détails de ses compositions, il pourra occuper une place honorable dans l'intéressante phalange des
peintres d'intérieur. *Sa cathédrale de
Saint-Sauveur à Bruges* est une étude
fort bien venue des différents jeux de la
lumière sous les hautes voûtes de nos
temples, mais le procédé reste véritablement trop sommaire et, en outre, l'œuvre
se dépare, au premier plan de la silhouette d'un enfant de chœur assez bizarre-
ment perché sur un siège que l'on pourrait prendre pour un pal. M. Eugène
Jours est un peintre de natures-mortes
dont le tableau *Fruits et accessoires* manque d'éclat, et qui ne paraît pas suffisamment travaillé au point de vue de l'étude

attentive des qualités diverses de la surfa-
ce des objets traités. Ses cuivres rapidement indiqués d'une brosse sans trans-
parence me font songer à notre Vollon
et à notre Fouace, et nous sommes vraiment loin de compte.

Avec M. Francis Nys, nous abordons le
système préconçu et le parti-pris évident
dans toute leur horreur. Ces terrains
violâtres, ces herbes jaunâtres, ces arbres blanchâtres, ce dessin sec dans un
paysage asphyxiant, sans air et sans ciel,
font penser aux naïves enluminures ja-
ponaises.

L'exposition de M. Van Leemputten,
Après la pluie et *Chemin dans la tour-
bière* est absolument remarquable. Les
tonalités grises sont finement détaillées
dans les gammes chromatiques d'une coloration sourde délicatement et savoureusement écrite. Je n'ai pu, devant ces
deux excellentes choses, m'empêcher de
songer à notre Pelouze dont la mort prématurée fut une si grande perte pour
l'art français.

III

Il faut connaître et aimer les Flandres,
pour goûter la saveur profonde, la vie intense et la prodigieuse exactitude de cette
petite étude de M. de Bruyn : *Un coin de
ferme;* mais il faudrait haïr la rose, et
même n'en avoir jamais vu, pour accepter
la froide et sèche reproduction que nous
donne M. de Keghel de cette reine de nos
jardins.

Le *Verger* de M. Xavier de Cock est
une vénérable peinture bitumineuse, dans
laquelle la lumière, uniformément indiquée par de petites tâches jaunes, a le
tort grave de ne se point atténuer dans
les plans éloignés du tableau. Cette inob-
servation des lois inviolables de la *valeur
du ton,* je puis également la reprocher à
M. de Burlet, dont *La Dodaine à Nivelles*
est, en outre, d'un coloris bleu et violet,
certainement exagéré. *Le Balayeur des*

rues, de M. Van Havermaet est un excellent ouvrage, un peu trop *étude académique*, un peu trop *morceau d'atelier*, mais abondant, incontestablement, en qualités de premier ordre. Quelques réserves, cependant, à propos de la barbe et des cheveux du modèle, qui manquent de légèreté.

Il est peu probable que M. Wytsman se couche sur le dos pour exécuter ses paysages, et pourtant, en constatant que dans sa *Matinée d'automne*, les arbres du premier plan sont visibles jusqu'à la cime, on est tenté de se demander quelle position occupait le peintre par rapport à son modèle. L'œuvre est, du reste, d'un *pointillisme* laborieux qui n'a même plus le don de nous étonner.

Une déclaration d'amour, de M. Léon Brunin, est d'un dessin un peu faible, et la main droite du Roméo qu'il nous montre est de nature à faire dire aux amateurs de plaisanteries faciles, qu'apparemment, en amour, la main gauche vaut mieux.

La couleur de cette toile banale est combinée selon la formule vieillie des ocres, des momies et des bitumes. A deux pas, le tableau donne l'impression de ces chromolithographies que certains négociants offrent en primes à leurs acheteurs de chocolat ou de tapioca des îles.

Le *Cabaret flamand*, de M. Emile Claus, est une fort amusante étude de l'éclairage d'un intérieur. Il y a là un louable souci de sincérité, et je ne puis que regretter les quelques duretés qui déparent les premiers plans.

Puisque, par suite d'une aberration que rien ne justifie, les éditeurs responsables du catalogue officiel de notre Exposition ont accordé au tableau de M. Léon Herbo, *La Tentation de saint Antoine*, les honneurs de la reproduction en héliogravure, je ne puis, selon mon premier dessein, passer absolument sous silence cette œuvre étrange, dans laquelle la navrante banalité de la conception n'est rachetée que par un dessin raide et niais, et une couleur qui semble avoir mis à contribution tous les jus, tous les bitumes et tous les cambouis de la convention.

Le *Village ardennais*, de M. Alphonse Asselbergs, est bien vu, bien étudié, mais rendu avec une certaine lourdeur de touche. Combien M. Jan Verhas doit regretter d'avoir exposé ailleurs que chez les Hottentots son tableau : *Dans les dunes de Heyst-sur-mer*. C'est là une œuvre pour bimbelotier, car en face de pareilles marionnettes, auxquelles manquent seument les ficelles motrices, on songe invinciblement au démocratique bazar qu'elles n'auraient jamais dû quitter.

L'*Intérieur villageois* de M. Frans Proost est une œuvre honnête, sans grande originalité, aussi bien, du reste, que *sur l'Estacade* de M. Edgard Farazyn.

Je préfère de beaucoup, de ce dernier artiste, son *Ecole buissonnière*, très solide étude de silhouettes enfantines sur un fond de mer habilement mouvementée, et ses *Derniers rayons*, intéressante

5

notation de reflets crépusculaires à laquelle j'accorde le premier rang, malgré
ses dimensions restreintes.

M. Frans Hens voit fort exactement et
semble dévoré du louable désir de faire
puissant, dut-il, pour atteindre son but,
aller jusqu'à la brutalité. Sa *Bourrasque
sur l'Escaut* est un robuste morceau de
peinture. Pourquoi faut-il que cet excellent artiste n'ait pas compris que les ciels,
même menaçants et tempétueux exigent
toujours une plus grande sobriété de
faire, une plus parfaite fluidité du pinceau. Les empâtements excessifs, les lar-
ges coup de spatule, sabrant virilement
l'œuvre d'un accent énergique et inat-
tendu, peuvent être acceptables partout,
excepté justement dans ce poème mélan-
colique d'imprécision et de douceur qu'est
le ciel le plus sombre.

Pour intituler : *Harmonie automnale*,
un tableau où toutes les violences d'une palette en délire semblent s'être donné ren-
dez-vous, il faut évidemment que M. Vic-

tor Giboul ait modifié, pour son usage particulier, l'étymologie et la signification de ce mot.

Je dois faire des réserves sur la facture trop brutale de M. Théodore Verstraëte, dont la toile : *Dans les dunes*, ne donne pas, par suite de regrettables lourdeurs de touche, cette délicate impression de l'immensité que l'on retrouve si poétique et si subtile dans les œuvres de notre Auguin.

M. Hubert Belles nous montre un homard, tout simplement, mais il paraît avoir oublié que la banalité d'un tel sujet ne peut être relevée que par une exécution hors ligne, et ce n'est pas le cas, il me faut bien le lui déclarer.

Avec M. Albrech de Vriendt, nous retournons à l'aquarelle finie et précieuse, à ces enluminures patientes auxquelles se complaisaient les Bénédictins dans leur solitude et le bon roi René de Provence dans son palais. L'*Institution de la Toison d'or* est une vaste page de missel, sèche, fine, précise, mais plate et sans profondeur. L'art a autre chose à faire, je le crois, que d'en revenir aux *ymaigiers* du Moyen-Age, et il est à souhaiter que nos voisins laissent maintenant reposer dans sa gloire le suave Botticelli dont la renaissante faveur n'a servi, chez nous, qu'à faire cacher sous de disgracieux bandeaux les oreilles délicates de nos mondaines.

Je crains bien que M. Victor Lagye ait peint son : *Pays des Pharaons*, tout bonnement dans son atelier d'Anvers. Voilà pour la couleur du tableau. Quant au style, je me demande bien sincèrement pourquoi cette *Reine* se soulève ainsi *subrepticement* sur son siège.

Si c'est pour ce que je crois, vous aviez, princesse, une bien mauvaise éducation, en Egypte !

M. Vioors fait gentiment scintiller les cuivres dans son *Intérieur de cuisine*, et M. Meyers (Isidore) sait, dans son *Heure des vêpres*, nous transcrire la solitude

lourde, l'ennui silencieux et morne que
Camille Lemonnier évoque si magistralement dans ses descriptions des vieilles
cités flamandes ou abondent les bégui-
nages.

Charles Blanc, le célèbre critique, a dit
avec raison de deux peintres de marines,
rivaux de gloire, bien que profondément
différents de tempérament artistique :

— « Backuysen nous fait craindre la
mer; Van de Velde nous la fait aimer. »

Je pense dès lors, que M. Auguste Mu-
sin est un disciple de Backuysen, car ses :
Rafales d'équinoxe, mer du Nord, ne
sont point de nature à nous conseiller
l'embarquement. Les : *Bons voisins,* de
M. Evariste Carpentier sont une excellente peinture, bien intime, bien obser-
vée, d'un coloris sobre et délicat, donnant
une note d'art très intense et très raffinée.
Dans la section des aquarelles, je citerai
encore en bonne place, M. Maurice Hagemans, bien que je n'accepte pas absolument : *Sur la plage de la Panne.* Certes,

le souci de M. Hagemans, d'envelopper les
objets et les êtres dans l'atmosphère est
un souci louable, mais je ne crois pas
que les vibrations moléculaires de l'air et
de la lumière puissent à ce point modi-
fier le dessin des formes solides placées
au premier plan, et transformer, par
exemple, le mat d'une barque en tire-
bouchon.

La *Marée à Ostende*, de M. Henri Sac-
quet est d'une scrupuleuse observation
et d'un mouvement très juste.

Puis, après avoir simplement signalé les
intéressants envois de MM. Paul Thémon
et Victor Uytterschaut, après avoir admiré, dans le vestibule où sont reléguées
les sculptures, la *Captive*, de M. Jean He-
ram. l'*Epervier*, de M. Joseph Willems,
et la *Manon Lescaut*, de M. Albert des
Enfans, nous quitterons le Salon Belge
pour nous consacrer aux Ecoles Fran-
çaises.

ÉCOLES FRANÇAISES

ORIGINES ET TENDANCES

ÉCOLES FRANÇAISES

ORIGINES ET TENDANCES

I

Si, d'après la méthode que j'ai suivie
pour l'Ecole Belge, je voulais, dans cette
très rapide et très modeste Étude de notre
peinture nationale, établir une ligne de
démarcation entre les manifestations
d'Art qui précédèrent la pacifique et bienfaisante invasion des Maîtres italiens, et
celles qui lui succédèrent, il me faudrait
encore restreindre de beaucoup l'importance de nos Primitifs, à peu près nulle,

hélas ! même comparée à celle des Primitifs flamands.

En effet, si d'après certains écrivains, l'histoire de l'Art véritable, en France, est antérieure à la Renaissance, c'est-à-dire date de près d'un siècle avant la fondation par les Léonard de Vinci, les Primatice, les Andrea del Sarto, de cette *École de Fontainebleau* où naquit pour ainsi dire la *peinture française*, il faut reconnaître que dès le milieu du xve siècle, l'influence italienne se faisait sentir, puisque ce roi René de Provence, que ses nombreuses disgrâces politiques poussaient vers la paisible culture des Beaux-Arts et des Belles-Lettres, prit des leçons du Zingaro à Naples, et de Bartolommeo della Gàtta à Florence. Ces leçons, disons-le, furent toutes personnelles, car celui qui les reçut ne sut, ou ne voulut point les transmettre. Du reste, il est permis d'ajouter, malgré cette *Prédication de Madeleine à Marseille*, conservée pieusement au musée de Cluny, qu'il ne suivit que d'assez

loin le mouvement artistique d'une époque qui comptait, déjà, Masaccio et Fra
Angelico.

Certes, je n'ignore pas que l'art des dé-
corations murales des églises remonte aux
premiers siècles de notre ère, et que sous
Charlemagne, notamment, l'usage était
fort répandu de peindre, sur toutes leurs
faces, les temples chrétiens (*in circuita
dextra lœvaque, intus et extra*), afin...
*d'instruire le peuple, et d'embellir les mo-
numents.* Je sais que c'est en France que
l'on représenta, pour la première fois,
sous des traits humains, le Père, l'Éternel, l'*Ancien des jours*, dont l'image
n'apparut en Italie que vers le xiiie siècle,
et ne figura jamais dans les œuvres des
artistes byzantins.

Nous pouvons également lire ceci, dans
le livre : *De omni scienta picturæ artis*,
du religieux allemand Roger, surnommé
Théophilos, qui remonte au xie siècle :
« *la France fabrique ces précieux vitraux
peints qui ornent les fenêtres.* »

Enfin, nous savons aussi que vers 1410, un *ymaigier*, nommé Jacquemin Graingonneur, peignit des cartes à jouer pour l'infortuné Charles VI, qu'un autre *ymaigier*, Jehan Fouquet (1420), peut-être élève de Masaccio, fit à Rome le portrait du pape Eugène IV. Mais, je le répète, rien dans ces essais épars ne vaut qu'on s'y arrête, et il faut bien définitivement placer le berceau de l'Ecole Française à l'aurore de ce seizième siècle qui voyait, déjà, Rome, Venise et Florence rayonner d'une incomparable splendeur artistique.

Au surplus, toutes ces recherches antérieures à l'éclosion plus ou moins spontanée d'un art, prennent bien plutôt l'allure fastidieuse d'une compilation documentée que d'une libre dissertation esthétique, et l'on éprouve un véritable soulagement à quitter ces vieilleries dans lesquelles la pensée créatrice est trop souvent rendue obscure ou inintelligible par l'excessive gaucherie de l'ouvrier, pour s'occuper enfin, avec une joie tou-

jours nouvelle, avec une ivresse recueillie de cet Art vrai, émancipé, qui peut,
par la noble alliance de la pureté des formes et de l'élévation de l'Idée, devenir
une des plus merveilleuses manifestations
du génie humain.

Certains esprits chagrins vous diront
qu'au point de vue politique, la France n'a
rien retiré, sinon une éphémère gloire,
pas plus des guerres de Charles VIII,
Louis XII et François Ier que des campa-
gnes victorieuses de Napoléon. Pour ces
observateurs positifs, Pavie et Waterloo
sont la triste résultante d'inutiles épopées
dont ils se refusent à voir les splendeurs.
Ce n'est point ici le lieu de dire ce qu'il
faut penser du rôle philosophique de l'Em-
pereur, au point de vue de la diffusion des
idées au sein de la vieille Europe monar-
chique, mais il est permis d'affirmer que
c'est aux guerres du xve et du xvie siècle
dans la Péninsule, qu'est dû l'immense
mouvement intellectuel qui arracha notre
pays aux sanglantes ténèbres du Moyen-

Age, mouvement qu'on a si justement
baptisé de ce nom significatif : *La Renaissance.*

Qu'importent les raisons qui lancèrent
Charles VIII à la conquête du royaume de
Naples ; qu'importent les victoires ou les
défaites ? Fornoue n'est qu'une date historique, Pavie et Romagnano ne sont que
des dates historiques, le canon légendaire
sur lequel s'endormit François 1er au soir
de Marignan ferait, de nos jours, sourire
un artilleur de deuxième classe ; Trivulce,
oublié, n'est plus, à peine, qu'un nom,
Bonnivet un maladroit et La Palisse un
imbécile !...

Mais, ce qui reste de grandiose, de
splendide, d'éternellement beau, de ces
guerres dont la nécessité ne nous apparaît plus, si elle exista jamais, ce qui
reste, c'est cette première et magnifique
pleiade de génies nationaux nés de l'enthousiasme indescriptible des Français au
somptueux aspect des palais d'Italie. Ce
qui reste de l'intelligente initiative de

François Ier, s'attachant par sa générosité royale et Léonard, et le Primatice, c'est la Fontaine des Innocents de Jean Goujon, c'est le groupe des Trois-Grâces de Germain Pilon, c'est le Vieux Louvre de Pierre Lescot, c'est (ou plutôt c'était, hélas !) le palais des Tuileries de Philibert Delorme, c'est le Jugement dernier, de Jean Cousin. Et, je vous le dis, ce sont là des trophées qui honorent beaucoup plus l'humanité, que toutes ces dates sanglantes dont l'immense retentissement à travers les siècles ne semble fait que des affreuses clameurs de victimes mutilées.

II

Si l'on admet donc que l'Ecole française
ne fut, à ses débuts, qu'un reflet fidèle
des écoles italiennes, c'est à Jean Cousin
(1500-1590) qu'il faut décerner le titre
glorieux de fondateur de cette École dont
il fut, à la vérité, le premier représentant
illustre. Jean Cousin qui était, à la fois,
peintre, sculpteur, graveur et écrivain,
mérita d'être surnommé le Michel-Ange
français, non seulement à cause de l'uni-
versalité de ses connaissances, mais encore parce qu'après le grand Florentin,
il s'essaya dans ce vaste et terrible sujet
du *Jugement dernier* (1). L'œuvre de
Cousin n'a, du reste, de commun que le

---

(1) Aujourd'hui au Musée du Louvre, après
être resté si longtemps enfoui et comme oublié
dans la Sacristie des *Minimes* à Vincennes.

nom avec le modèle, car son interprétation sut rester personnelle, et doit même,
dans certaines parties, être préférée à
l'œuvre célébre, tourmentée et violente
du Vatican, par la tranquille noblesse du
style et une plus grande unité de composition.

Jusqu'à Simon Vouet (1649) qui fera en
France ce que les Carrache firent, en Italie, c'est-à-dire qui arrêtera par son propre
génie et le retour aux austères beautés
de l'École Bolonaise, une décadence prématurée, nous ne rencontrerons que des
continuateurs de Primatice ou des imitateurs aveuglés de Michel-Ange, renchéris-
sant encore sur les ostentations anatomiques du Maître, tels : Toussaint Dubreuil
et Martin Freminet.

Voici donc les origines de la peinture
française : l'imitation de la peinture italienne. Dans cette période, il faut le reconnaître, notre École ne pouvait avoir
de tendances particulières. L'imitation
d'un modèle, si grand soit-il, a l'immense

6

désavantage de tuer en germe l'originalité, et c'est peut-être pour cela que nos Instituts et nos Académies sont, et seront toujours, des pépinières de médiocrités correctes, alors que les grands artistes, les créateurs incontestés d'un mouvement intellectuel quelconque, se recrutent d'ordinaire parmi les réfractaires et les indépendants, dont la libre vocation se donne librement carrière.

Mais si, historiquement, Jean Cousin fonda l'Ecole française, artistiquement, le chef de cette Ecole ne peut être que celui qui personnifia et synthétisa le génie national, véritable, pur, émancipé des serviles imitations, et c'est avec lui, seulement, que nous pourrons étudier des *tendances* qui, auparavant, étaient naturellement semblables à celles des modèles choisis.

Celui-là, c'est Nicolas Poussin, le plus grand de nos artistes, que nous pouvons, avec un légitime orgueil, opposer à n'importe quel maître, de n'importe quel pays!

III

Ce serait évidemment agrandir outre
mesure le cadre de cette rapide étude,
que d'entreprendre l'examen approfondi
de tout l'œuvre de Poussin, bien que cet artiste intéresse au plus haut point ceux
qui veulent étudier les origines et l'orien-
tation nouvelle d'une École fondée, ne
l'oublions pas, à l'époque même de la décadence italienne. Mais, je le répète, je
manque ici de l'espace nécessaire au complet développement de ma pensée, et
mieux vaut, à mon sens, s'abstenir, que
donner une opinion tronquée ou insuffi-
samment motivée par un trop bref exposé.

Du reste, on l'a compris, ce coup d'œil
jeté sur notre Ecole pendant les xvie,
xviie et xviiie siècle, est simplement une
préface à l'étude plus substantielle que
je compte consacrer à nos Maîtres mo-

dernes. Je demande cependant la permission, avant de quitter le peintre du *Déluge* et d'indiquer par une nomenclature succincte par quelles transformations passa le génie français, pour parcourir le chemin qui sépare Poussin de David, de soumettre les quelques réflexions philosophiques que me suggèrent, à la fois la carrière, certes noble et instructive de celui qu'on a appelé le *peintre des gens d'esprit*, et le fétichisme plutôt exagéré, dont certains esthètes entourent avec ostentation, après plus de deux siècles, celui qui fut si profondément méconnu de son vivant. En effet, il est incontestable que la gloire éclatante et publique, celle qui met le nom d'un homme dans la bouche de tous ses contemporains, celle qui permet à l'artiste d'entrer, selon l'expression du poète, tout vivant dans son rêve étoilé, cette gloire, Poussin, semblable en cela au pauvre Millet, ne la connut jamais.

Mais, ayant grandi sans maître et sans

appui, s'étant rendu à Rome à pied, en
mendiant son pain, Nicolas Poussin reste,
pour les artistes de tous les temps, un magnifique exemple des prodiges que peut
accomplir une ferme volonté. A ce titre,
d'abord, il mérite d'être offert comme sujet de méditation, à ceux de nos modernes qui ne voient, dans les Beaux-Arts,
qu'une carrière plus agréable et aussi lucrative qu'une autre, et qui rêvent d'honneurs et de bénéfices au lieu de s'absor-
ber dans cette austère recherche, sinon
de l'insaisissable perfection, du moins du
mieux lentement, mais continuellement
progressif, qui fut le but unique et comme
la raison d'être de la longue vie de Poussin.

Maintenant, faut-il dire mon sentiment
tout entier ? — Pour peu que l'on ait bien
voulu me suivre avec attention depuis le
commencement de cet ouvrage, on se
souviendra certainement d'avoir lu ceci :

— « Il m'est arrivé maintes fois de revenir ému, envahi de pensées graves et

élevées, après un long examen, au
Louvre, des toiles suaves de Lesueur, ou
des austères peintures de Poussin, alors
qu'un aimable tête-à-tête avec une *Fête*
de Watteau, et une égrillarde fantaisie de
Carl Van Loo, ne me laissaient qu'un fugitif souvenir aussitôt envolé.

Et j'ajoutais :

—*Cependant, je le dis ici, au risque de
blasphémer artistiquement, je n'ose nommer ceux de ces peintres qui, au point de
vue technique, au point de vue* MÉTIER,
me plaisent le mieux.

Et c'est la vérité pure.

J'ai reculé les bornes de la conscience
d'un critique d'art, en retournant spécialement au Louvre, et d'une nouvelle et
sincère étude des ouvrages du grand
artiste français, j'ai rapporté cette conviction que si, chez Poussin, la pensée est
toujours noble et élevée, le style d'une
austère sévérité et le dessin correct, la
facture reste lourde et sans grâce, la couleur terne et sans éclat. Grand *artiste*

dans la plus haute acception de ce mot,
oui, Nicolas Poussin le fut, et nul ne peut
sérieusement songer à le contester. Mais
grand *peintre*, non, car il oublia que si la
poésie parle directement à l'esprit, la
peinture nous parvient seulement par les
yeux, comme la musique par les oreilles,
et que, conséquemment, le peintre doit,
sous peine de rester inintelligible, soigner l'harmonie des tons, comme le mu-
sicien l'harmonie des sons (1).

Or, il me paraît que trop exclusivement
préoccupé de la portée morale et philosophique de ses hautes conceptions, Poussin
a négligé le côté matériel de son art, de
telle sorte que, devant ses toiles où les
ciels, les terrains, les arbres et les nus se

---

(1) Nous avons un exemple récent et bien topique de cette disproportion entre le génie qui
conçoit et la main qui exécute, dans M. Puvis
de Chavanne, dont le rêve de grandioses compositions ne se traduit que par des *machines* démesurées, dont les allures énigmatiques de ré-
bus ne rachètent qu'imparfaitement le coloris à
l'ocre et au noir de fumée.

noient dans la même tonalité bitumineuse,
la foule passe indifférente, pour ne pas dire
hostile, ce qui est, je n'hésite pas à l'affirmer, un grand malheur, car le propre
de l'artiste est, précisément, de rester en
même temps un initiateur et un éducateur
des masses.

Je n'ai nul besoin qu'un pédant vienne
vanter devant moi l'extraordinaire puis-
sance dramatique du *Jeune Pyrrhus
sauvé;* ou la merveilleuse et touchante
expression des *Aveugles de Jéricho;* ou le
style magistral du *Jugement de Salomon;*
ou la profondeur de pensée de cette immense *lunette : Le temps soustrait la
Vérité aux atteintes de l'Envie et de la
Discorde.*

Ces qualités, Dieu merci ! je me flatte
de les connaître et de les apprécier ainsi
qu'il convient. — Mais ma sincère admiration pour le grand penseur, pour l'artiste noble qu'est Poussin, ne peut m'empêcher de déplorer que ses œuvres soient
de nature à inspirer plutôt le respect que

l'amour de la peinture. — Devant *le Déluge* dont les enthousiastes ont dit : *De cette page sublime, ni descriptions ni éloges, ce serait faire injure au lecteur,* et que, par suite, tant de braves gens admirent de confiance, j'avoue être fort embarrassé et fort perplexe, peut-être parcequ'il ne reste de cette *page sublime* qu'une toile noirâtre, dont les eaux, le ciel et les roches sont de la même couleur. — Poussin, je me hâte de l'ajouter, paraît avoir été exceptionnellement maltraité par le temps, et il y a dans cette mésaventure qui modifie peut-être si profondément l'aspect extérieur de l'œuvre, matière à de bien amères réflexions sur le caractère essentiellement périssable de cet art de la peinture, que nos *jeunes* s'appliquent à rendre encore plus éphémère par le beau dédain qu'ils affectent de la *technique* de leur métier

IV

Immédiatement à côté de Poussin, un philosophe, un savant, un érudit, qui étudiait, disent ses biographes, l'architecture dans Vitruve et Palladio, l'anatomie dans André Vésale, et le style dans la Bible, Homère et Corneille, apparaît un peintre aussi grand que lui peut-être, mais qui, n'ayant jamais rien étudié ni rien appris, ne pouvait donner que sa grande âme d'artiste et de poète, et qui la donna toute dans des pages merveilleuses qui sont l'honneur de l'art français.

J'ai nommé Claude Gellée, dit le Lorrain, le même qui écrivait sur son recueil d'esquisses, qu'il appelait le *Livre de Vérité* :

Audi, 10 d'agosto 1677
Le présent livre appartien à moy que je faict durant ma vie
Claudio Gillée, dit le lorains.
À Roma, le 25 aos 1680.

Tout le monde connaît, par la gravure tout au moins, les nobles et grandioses paysages du Lorrain. Du reste, son étude détaillée n'offre pas ici d'intérêt immédiat, car la tradition est rompue, et nos modernes paysagistes s'appliquent bien plutôt, — à tort ou à raison, je ne veux pas le rechercher — à la reproduction fidèle de la nature, qu'à la *composition* harmonieuse dans laquelle excellait le bon Claude.

Sauf Lesueur, encore un indépendant, un isolé, qui sut retrouver sous son pinceau les suavités délicieuses de Corrège, le siècle de Louis XIV ne compte guère plus de véritables grands peintres. Lebrun n'est grand que par les dimensions exagérées de ses cadres, Jouvenet peignit des décors de théâtre, Rigaud ne fit guère que des portraits, et Mignard ne s'illustra qu'en laissant son nom à une manière précieuse et léchée, imitée, du reste, d'Annibal Carrache et d'Albane.

A la mort de Louis XIV, un seul peintre

restait à la.France, et c'était ce Watteau,
que beaucoup de gens persistent, à tort, à
tenir pour un contemporain de la Pompadour. — L'infériorité du genre traité
par cet artiste me décide à passer rapidement sur son œuvre, aussi bien que sur
les ouvrages de valeur encore moindre
de ses continuateurs ou imitateurs : les
Carl Van Loo, les Boucher, etc. pour en
arriver enfin à Vien et à David, les pères
de la peinture du xixᵉ siècle.

Il serait cependant injuste, de passer
uniformément sous silence les peintres de
ce xviiiᵉ siècle si vide, malgré sa grande
abondance en styles d'ébénisterie, pour
l'Art véritable, s'ils avaient marqué l'E-
cole française d'une empreinte quelconque. Mais, semblables en cela à ce qu'on
a appelé les *petits-maîtres* hollandais, les
artistes aimables et légers que nous rencontrons entre la Régence et la Révolution, n'ont été que les interprètes plus
ou moins heureux du faux goût régnant
à une époque qui pouvait accepter sans

haut-le cœur, en même temps que la scan-
daleuse royauté d'Antoinette Poisson, ces
fades pastorales à la manière florianes-
que, dont Boucher s'était fait la lucrative
et licencieuse spécialité. — Il faut lire, à
propos de ce peintre — grand'oncle de
David, ne l'oublions pas, ne fut-ce que
pour reconnaître que le hasard a parfois
de l'esprit ! — les fameux *Salons* de
Diderot.

L'enthousiaste, peut-être excessif, de
Chardin et de Greuze, ne ménageait point
l'expression de sa mauvaise humeur au
maître du genre *trumeau* et *dessus de
porte*.

— Que dire de cet homme, écrit Dide-
» rot, en parlant de Boucher : La dégra-
» dation du goût, de la couleur, de la com-
» position, de l'expression, du dessin, a
» suivi pas à pas la dépravation des
» mœurs.... J'ose dire que cet homme ne
» sait vraiment ce que c'est que la grâce ;
» qu'il est sans goût ; qu'il n'a jamais
» connu la vérité ; qu'il n'a pas vu un

» instant la nature ; que les idées de dé-
» licatesse, d'honnêteté, d'innocence, lui
» sont devenues étrangères... C'est un
» faux bon peintre, comme on est un faux
» bel esprit. »

Cela n'empêche pas, du reste, nos modernes amateurs, plus fortunés qu'éclairés, de collectionner avec ferveur les
moindres esquisses de cet artiste de bou-
doir. — Parlerons-nous de François Des-
portes et de Jean-Baptiste Oudry, les fidèles historiographes des chasses de Louis
XIV et de Louis XV. Cela me paraît inutile.

Nous ne nous arrêterons pas non plus
longuement, à cette heure où la peinture
de *nature-morte* succombe sous un injuste discrédit, malgré le réel talent des
quelques artistes de valeur qui cultivent
encore ce genre, à Chardin dont, il faut
bien le dire, les ouvrages ne conservent
plus qu'un intérêt documentaire, car je
crois fermement que notre École moderne, avec Vollon, avec Fouace, avec Eu-

gène Claude, voire même avec M. Bergeret, a fait un grand pas en avant dans
l'art de la saisissante reproduction des
objets inanimés.

Donc, laissons de coté Joseph Vernet et
ses *Marines*, trop manifestement imitées
de Claude Gellée ; laissons Greuze et ses
sentimentalités de romances , touchées
avec le pinceau minutieux d'un miniatu-
riste, et arrivons à la résurrection de
l'Art en France, avec Joseph-Marie Vien
(1716-1809) directeur de l'Ecole Française à
Rome de 1771 à 1791, qui sut revenir au
grand style dans son magnifique tableau
*Saint Germain d'Auxerre et Saint-Vin-
cent de Saragosse*, recevant des mains du
messager céleste la palme des martyrs.
Mais, ainsi qu'il le disait lui-même avec
une modestie bien rare, Vien entr'ouvrit
seulement une porte que son élève David
devait, plus tard, ouvrir toute grande.
Occupons-nous donc, maintenant, de cet
artiste et de ceux qui, après lui, marquè-
rent de leur griffe puissante, cette pein-

ture du XIXe siècle, qui comprend, dans
son apparent chaos, des noms semblant
s'exclure l'un l'autre, comme Ingres
et Delacroix, comme M. Bouguereau et
M. Roll.

V

Il me faut faire, je l'avoue, un très grand effort sur moi-même, pour être seulement impartial envers David.

On a dit souvent, et à propos de Poussin particulièrement, que l'œuvre d'un artiste était le reflet de son âme.

Si l'on veut se donner la peine de réfléchir à l'indiscutable grandeur de la rénovation entreprise et exécutée par David ; si l'on veut bien se souvenir qu'il trouva la peinture, en France, à l'état d'art inférieur, destiné seulement à la décoration des appartements, et qu'il lui rendit sa place à côté, pour le moins, des autres hautes manifestations du génie humain ; si l'on admire la noblesse des lignes, la hauteur des pensées, et la majestueuse grandeur que dégagent des œuvres comme : *Le Serment des Hora-*

ces ou *Les Sabines* ; et si, simultanément, l'on songe au sanguinaire forcené
que fut cet étrange grand artiste, avant de
devenir le plat valet et l'admirateur obsé-
quieux de la force triomphante, on de-
meure consterné, en face de l'énorme
différence qui sépare cet homme essentiellement méprisable de son œuvre non
moins essentiellement admirable,

Eh quoi ! c'est au retour des séances
odieuses de ce tribunal révolutionnaire,
dérisoire négation de toute justice, où
le peintre siégeait parmi les plus farou-
ches, qu'il trouvait la force de s'ins-
taller devant son chevalet ? C'est après
avoir prononcé l'horrible et barbare :
Broyons du rouge ! qui excitait ses com-
plices à multiplier les condamnations ini-
ques, que cet émule de Fouquier-Tinville
conservait assez de sérénité d'esprit pour
se livrer au culte pacifique des Beaux-
Arts ? On en douterait, si des œuvres magnifiques n'étaient là, pour affirmer sans
réplique ces obscures contradictions d'une

âme dont l'extrême violence n'était peut-être faite que de faiblesse véritable.

L'influence de David fut immense. Elle fut heureuse pour la peinture, en ce sens qu'en démontrant la supériorité des sujets graves, austères même, sur les libertinages croustilleux auxquels se complaisait le public, elle rétablit la souveraine suprématie du dessin châtié et du style noble. D'aucuns regretteront, cependant, que la sensation produite par le *Serment des Horaces* ait été si profonde. En effet, l'on s'accorde généralement à faire dater de cette époque la mode des formes romaines pour les meubles, les tentures ou les ajustements.

Or, pour quiconque a gémi devant ce mélange hybride de raideur et de lourdeur qu'on appelle le *style Empire*, on reconnaîtra que c'était un singulier cadeau à faire au goût français.

Malheureusement, tout grand artiste, tout chef d'École traîne après soi, sous le nom d'élèves ou de disciples, des bandes

de plagiaires qui semblent avoir pour
tâche, en exagérant la manière du Maître,
de la discréditer aux yeux de la postérité.
Après les Romains de David, ce fut un
véritable déluge de guerriers nus et cas-
qués, et le genre des Germain Drouais,
des Girodet-Trioson, des Pierre Guérin et
des Gérard, mérite amplement ce nom de
genre pompier qu'on lui a décerné par
raillerie.

Avec Gros, baron comme Guérin et
Gérard, l'école de David se modifia heureusement. Les Romains, raides et em-
phatiques, cédèrent la place à des reproductions plus émues, plus animées, des
scènes de la vie véritable, et, déjà, dans
*les Pestiférés de Jaffa, la Bataille d'A-
boukir* et *le Champ de bataille d'Eylau*,
on put voir qu'un Art nouveau s'était dégagé de l'ancien, avec une tendance très
marquée à se rapprocher de la vérité matérielle.

Cependant, le *genre pompier* aurait encore fait bien des ravages, si un homme

de génie n'était venu substituer son inspiration spontanée aux traditions surannées des Académies. Cet homme de génie fut Prud'hon, dixième enfant d'un pauvre maçon de Bourgogne, qui, élevé par la charité et sans maîtres, lutta si longtemps avant d'atteindre même à une vague notoriété, qu'il avait quarante-neuf ans, lorsque Frochot, préfet de la Seine, lui commanda son premier tableau. Prud'hon se vengea spirituellement de l'injuste ostracisme dont il avait souffert jusque-là, en livrant un chef-d'œuvre, cette célèbre allégorie de *La Justice et la Vengeance poursuivant le Crime*. Après la rigide interprétation de la statuaire antique, avec un pâle coloris de porcelaine en plus, Prud'hon apporta dans ses compositions, en même temps qu'un style élevé et poétique, un souci constant d'harmonie et de grâce qui n'exclut pas la profondeur de la pensée. C'est ainsi que Prud'hon se révèle peintre d'histoire dans l'allégorie dont j'ai parlé, aussi bien que dans ce merveilleux *Christ* que notre Musée national possède aujourd'hui, après la cathédrale de Strasbourg pour laquelle il fut peint. — Mais si, soit au Louvre, soit dans les collections particulières, nous voulons admirer son génie aimable sans frivolité, examinons ses charmantes compositions : *l'Enlèvement de Psyché par les Zéphirs*, ou *Zéphire se balançant sur l'Eau*, et reconnaissons que Prud'hon mérita par ses charmes multiples ce surnom de *Corrège français* qui lui est resté.

Après Prud'hon, nous rencontrons Géricault, dont la trop courte vie, malgré la toile justement célèbre du *Radeau de la Méduse*, ne peut servir d'enseignement; Léopold Robert qui, dans ses scènes de la campagne de Rome, si détériorées, hélas! au Louvre, tentait la restauration du paysage historique, à la manière de Poussin; puis François-Marius Granet, qui fit revivre la peinture des intérieurs d'édifices; et enfin, Ingres, un académique sévère dont, je

l'avoue, l'*Apothéose d'Homère*, un pla-
fond décoratif transformé en tableau, me
laisse absolument froid, par la pauvreté
du coloris et surtout par cette raideur des
attitudes qui semble nous ramener aux
plus mauvais jours du *genre pompier*.

Mais nous voici avec Delacroix, Dela-
roche, Théodore Rousseau, Courbet et
Corot parmi les vrais Modernes, ceux, du
moins, qu'on ne discute plus.

Nous nous occuperons de chacun d'eux,
au fur et à mesure de la rencontre de
leurs ouvrages dans les galeries de notre
Exposition, mais, en terminant cette espèce de préface à l'examen des œuvres de
l'École française, je tiens à dire que si elle
a paru longue et superflue, au gré de
quelques-uns, je n'en persiste pas moins à
la juger indispensable, sinon suffisante,
pour un sujet aussi vaste que la genèse et
le développement d'un Art chez un peuple.
— Je ne veux pas, chers lecteurs, afficher
la prétention de vous avoir appris grand'-
chose ; puissé-je seulement vous avoir

donné le goût de ces études esthétiques qui forment le jugement, affinent les sensations, et permettent à tous de jouir des trésors amassés et précieusement conservés dans nos Musées par les générations successives.

LE SALON INTERNATIONAL

ET LE

SALON PARISIEN

✠✠✠✠✠✠✠✠✠✠✠✠✠✠✠✠✠✠✠✠✠✠✠✠

LE
SALON INTERNATIONAL
ET LE
SALON PARISIEN

———•○•———

I

Je n'ai pu arriver à démêler quelle es-
thétique spéciale et quelle pensée direc-
trice avaient guidé la Commission des
Beaux-Arts dans la subdivision des divers
Salons de peinture en *Salon Belge, Salon
International, Salon Parisien* et *Salon
Bordelais*.

Pour le *Salon Belge*, passe encore. La
Commission s'est dit avec raison qu'il lui

suffirait de placer là les peintres de la
Belgique, lesquels, du reste, se sont placés
tout seuls, pour être en règle avec la logique la plus élémentaire. Pour le *Salon
International*, la tâche, probablement
moins simple, s'est tout de suite compliquée
d'une petite pointe de joyeuse incohérence. Je ne vois pas, en effet, jusqu'à
quel point M. Jules Avial, l'excellent por-
traitiste, est *international*; l'internatio-
nalisme de Baudit, Bordelais d'adoption,
et de Chabry, Bordelais de naissance, ne
m'apparaît aussi que vaguement; et enfin,
j'avoue avoir toujours ignoré que Paul
Baudry, Léon Bonnat, Corot, Courbet,
Feyen-Perrin, Français, Rapin et Ségé
fussent des artistes aussi *internationaux*.
Les quelques peintres exotiques qui justifient à peine le titre de ce Salon, auraient
donc pu, sans inconvénient, être placés,
les *morts* dans l'Art ancien, et les *vivants*
à côté de leurs camarades du Salon dit
Parisien.

— Mais, allez-vous me dire, il n'y a que

des Parisiens, ou, tout au moins, des artistes habitant Paris, dans celui-ci.

— Je ne puis être de votre avis, car enfin, l'honorable M. Jean Cabrit, qui laisse
imprimer sur le Livret son adresse à
La Rousselle, ne peut être considéré, avec
la meilleure volonté du monde, que
comme un parisien approximatif — à *gros
bec*, dirait un homme d'esprit irrévéren-
cieux.

En outre, pourquoi a-t-on privé notre
Salon Bordelais des envois de M Saint-
Germier, un compatriote cependant. bien
qu'il habite Paris, alors qu'on retirait du
Salon parisien, un autre Bordelais distingué, M. Quinsac, qui se trouve exactement dans les mêmes conditions ? — Je le
répète, je n'ai pu arriver à rien y comprendre, et c'est pourquoi je confonds,
dans cette étude, le *Salon International* et
le *Salon Parisien* qui me paraissent former un ensemble suffisamment homo-
gè n.

Allons, d'abord, saluer respectueuse-

ment les grands morts dont l'obligeance
de quelques riches collectionneurs nous
permet d'examiner les œuvres.

Voici Paul Baudry, avec une *Thalie*
correctement mais un peu froidement
dessinée. D'aucuns voudraient à la Muse
de la Comédie, malgré sa ressemblance,
voulue me dit-on, avec Céline Montaland,
un masque plus mobile, plus vivant et
plus expressif. Je n'insiste pas, car
Baudry dont notre Musée possède une
œuvre charmante, *la Toilette de Vénus*, et
dont j'ai admiré au Musée de Nantes une
adorable *Magdeleine*, est et restera, sans
même faire entrer en ligne de compte
ses peintures célèbres du Grand-Opéra,
un artiste éminent que l'on ne peut juger
sur une simple tête d'étude.

Voici Courbet, le grand Courbet, le
Courbet de *l'Enterrement d'Ornans*, si
judicieusement placé, au Louvre, dans un
endroit où il est impossible de le voir, le
Courbet de *la Vague*, le Courbet de *la
Remise des Chevreuils*, et de cent autres

chefs-d'œuvre. C'est dans un sujet qu'il
affectionnait particulièrement, que nous
allons pouvoir l'étudier. Les *Cerfs se rendant à une source*, n'ont été, évidemment,
pour le peintre que le prétexte de brosser
un de ces prestigieux *sous-bois* dans lesquels il excellait, bien que ses *verts* res-
tent d'une déconcertante froideur. Disons-le : la peinture de Courbet a beaucoup *poussé*, et ceci doit servir de leçon à
ceux qui seraient tentés d'imiter le superbe mais imprudent dédain qu'affectait
le Maître pour les procédés matériels et
la sélection des couleurs qu'il employait.
En quittant le chevalet, ses toiles resplen-
dissaient à croire que Courbet avait enfin
trouvé ce fameux *soleil en tubes*, dont il
parlait volontiers lui-même avec sa grosse
gaieté d'invincible *humeur le piot*, et dont
parleront longtemps après lui les rapins
avides de faciles plaisanteries. Mais les
années sont venues ternir le fragile éclat
d'œuvres en lesquelles persistent, heureusement, des qualités moins périssables de

style, de composition et d'exécution magistralement puissante.

Voici le doux, le poétique, le subtil, le
raffiné Corot. Ce n'est pas, hélas! à notre
Exposition que ceux qui n'ont point l'indicible bonheur de connaître et d'aimer notre
grand paysagiste, pourront se former
une idée de son génie. Notre Musée municipal possède, il est vrai, une vaste page du
Claude Gellée moderne, mais outre mon
opinion particulière sur l'œuvre, je crois
pouvoir me faire l'écho d'un *racontar*
d'après lequel, le Maître remis, après de
longues années, en présence de son tableau, se serait écrié dans la franchise de sa
belle âme d'artiste : « Depuis cette époque, Messieurs, j'ai appris à peindre ! »

Sans parler, bien entendu, de ces deux
tableaux de fleurs, qui ne peuvent, comme
dit l'autre, avoir été attribués à Corot
que par leur propriétaire et la médisance,
nous n'avons, du cher et tant regretté
Maître, que deux petites toiles dont l'une,
sans grande importance, donnerait une

idée plutôt fausse d'un talent fait surtout
de grâce et de poésie, tandis que l'autre,
outrageusement atteinte par le temps, ne
laisse subsister que bien peu de chose de
ce que dût être l'œuvre originale. Corot
attaquait ses tableaux en pleine pâte, et
c'est ensuite, à l'aide de *glacis*, de *frottis*,
comme on dit en langage d'atelier, qu'il
obtenait, avec des *jus*. Cette fluidité de
pinceau qui l'a rendu l'interprète victo-
rieux de l'insaisissable et impondérable
atmosphère ambiante. De là, c'est-à-dire,
de cette superposition de touches *mai-*
gres sur les premiers empâtements, cette
fragilité extrême, qui fait si prématuré-
ment craqueler les toiles de Corot comme
des émaux exposés à un feu trop vif.
Cette mésaventure toute matérielle, rem-
plit de désespoir ceux qui, comme moi,
ont passé de longues heures, muets d'admiration, devant la *Matinée d'Avril*.

C'est une véritable bonne fortune, pour
nous qui ne possédons de Goya, dans
notre Musée, qu'une piteuse caricature

8

intitulée *Les Parques*, je crois, de pouvoir enfin le connaître, autrement que par cette peinture baroque, heurtée, violente et maladroite, comparable seulement, pour ceux qui ont visité Bruxelles, aux *Scènes de l'Inquisition*, que possède le musée de cette capitale.

Tous les chercheurs, tous les curieux d'art, savent que Goya, qui n'eut jamais de maîtres, est le produit spontané de l'étude solitaire des peintres anciens. Je ne puis m'empêcher, à ce propos, de rappeler encore qu'il est bien singulier de ne retrouver guère au firmament de l'Art, que des génies indépendants et irréguliers, arrivés à la gloire par leurs propres moyens. Tels, Corrège, Caravage, Poussin, Prud'hon, Goya et tant d'autres.

Je m'abstiens de conclure, bien que la façon dont je pose la question indique suffisamment quelle réponse j'y ferais.

Le : *Montagnard aragonais*, est une simple étude, mais dont la touche puissante et la vibrante harmonie justifient ample-

ment l'opinion de ceux qui voient en Goya
un arrière-petit-fils du grand Velasquez.
Cependant, n'étaient ses portraits remar-
quables, Don Francisco Goya y Lucientés
n'aurait droit qu'au titre de peintre anec-
dotique, et peut-être même, au titre de
caricaturiste, car son recueil d'eaux-fortes
intitulé *Caprices*, dont un critique a pu
dire que certaines pages rappelaient Cal-
lot par l'invention, Hogarth par l'humour
et Rembrandt par la vigueur de la pointe,
reste son plus beau titre de gloire, malgré le portrait de Guillemardet, ambassa-
deur de la Première République française
en Espagne, (actuellement au Louvre) et
les images équestres de Charles IV et de
Maria-Luisa, placées dans le vestibule du
Museo del Rey, à Madrid, et dans lesquelles les erreurs de dessin sont aussi
nombreuses que grossières.

Les : *Vaux de Cernay*, viennent raviver
les regrets de tous ceux qui ont aimé et
admiré Pelouze. Un peu assombrie par le
temps, peut-être aussi par l'emploi regret-

table de *dessous* qui ont *poussé*, l'œuvre
n'en reste pas moins belle et intéressante,
malgré les procédés trop apparents, et
certaines mièvreries de facture qui n'ont
pas peu contribué à faire classer Pelouze,
par des critiques trop sévères à mon avis,
au rang de paysagiste de second ordre.

Plus viril était le talent de Rapin, dont
la : *Fin d'automne dans la vallée de Che-*
vreuse, est une admirable symphonie de
ces roux et de ces gris-rouges qui sont la
caractéristique du coloris de ce maître.
Je préfère, cependant, à cette page capitale, l'œuvre si savoureusement écrite, si
discrètement émue du même peintre que
possède notre Musée, et dans laquelle il
semble que Rapin ait dit son dernier
mot.

La : *Veuve du Marin,* de Feyen-Perrin
est une page empreinte de poésie mélan-
colique. La tristesse calme et douce qui
voile le visage de cette femme, est bien la
tristesse résignée de ces races robustes
qui assistent, chaque jour, aux terribles

combats de l'homme contre les éléments.
En outre, cette toile est patinée si merveilleusement, que l'on se demande si le
temps, implacable pour certains, n'est pas
le plus précieux collaborateur de quelques
rares privilégiés.

Amédée Baudit restera une des gloires
de notre Ecole Bordelaise, et il m'eût été
doux, dans les chapitres suivants, d'étudier
son œuvre à loisir, en passant en revue
les envois de mes compatriotes.

La Commission des Beaux-Arts a cru
devoir placer Baudit dans le Salon International ; il ne faut pas que cette étrange
décision nous prive d'un souvenir ému à
l'éminent artiste.

Et d'abord, pourquoi notre Musée municipal, qui possède des pages capitales de
ce mort regretté, n'a-t-il pas contribué à
rehausser l'éclat d'une exposition bordelaise, par l'envoi d'œuvres qui témoignent
plus hautement de l'aimable et poétique
talent de Baudit? Il y a là, incurie, à
moins qu'on ait voulu simplement, une

fois encore, justifier le vieux proverbe :
« *Les morts ont toujours tort !* »

Les toiles de Baudit qu'on nous montre,
appartenant exclusivement à des collectionneurs particuliers, ne sont pas, il s'en
faut des meilleures qu'ait signées l'excellent artiste, et sauf un petit tableautin :
Dans la Lande, où je retrouve son coloris
prestigieux, en gammes sourdes, je ne vois
rien d'absolument digne de lui, telle, par
exemple, celle : *Rade de Bordeaux la
nuit,* assez imprudemment exhibée, et si
évidemment faite *de chic,* que Baudit, qui
dessinait bien pourtant, a peint une tour
Saint-Michel de deux kilomètres, au
moins, et a placé la grue à mâter en face
de la Douane.

Charles Jacque s'est fait, après Troyon,
après Rosa Bonheur, une spécialité des
animaux, mais il les traite dans des cadres beaucoup plus restreints que ne l'ont
généralement fait ces deux grands artistes. La peinture de Charles Jacque est
le prototype de ce qu'on appelle la *ma-*

nière noire. On ne voit plus grand'chose dans sa : *Bergerie* et sa ; *Porcherie.* En revanche, ses deux panneaux microscopiques: *Poules dans une basse-cour,* brillent d'un vif éclat, mais sont bien plutôt deux petites miniatures à l'huile, que des peintures proprement dites.

Quels regrets doit inspirer aux artistes la mort prématurée de Chabry !

Quelle brosse puissante, chaude, énergique, définitive dans la touche ! Certes, Chabry reste original, mais est-ce faire injure à sa mémoire que de comparer certaines de ses toiles à des Courbet, telle, par exemple, cette *Vue prise dans les Pyrénées*? Dans la *Pointe de Vallière, la nuit*, sombre et tragique, Chabry s'affirme plus personnel, mais non moins puissant. Enfin, il me semble qu'il est difficile, sinon impossible, de serrer la nature de plus près que ne l'a fait l'artiste regretté dans cet étonnant : *Marais de Blanquefort*, où l'on peut admirer, à la fois, la couleur de Daubigny et la fougue un peu désordonnée de Constable.

Brascassat fut, d'abord, et presque exclusivement un peintre animalier. C'est pourquoi il est impossible de se faire une idée, même approximative, de ce grand Bordelais, en regardant ses paysages minutieusement traités, mais avec une mièvrerie qui n'est plus de notre goût. Le musée de Nantes, plus heureux que celui de Bordeaux, possède le célèbre *Combat de Taureaux*, et c'est là, dans ces animaux traités à la manière de Paul Potter, c'est à dire en pleine pâte grasse et savoureuse, qu'il faut aller admirer et étudier notre illustre compatriote.

La *Troupe Kabyle passant un gué*, de Washington, est d'une couleur chaude qui rappelle agréablement aux fervents de notre École française, la riche palette de Delacroix.

Avec Français, nous allons nous occuper d'un maître parvenu à l'apogée de sa gloire, mais bien vivant, Dieu merci ! et produisant encore, comme Poussin, à l'extrême limite d'une vieillesse sereine et féconde. Naturellement encore, nous

n'avons, du grand paysagiste, que des
toiles peu importantes, des échantillons
incomplets de son génie. Pour s'en con-
vaincre, il suffit d'aller contempler les
belles tapisseries des Gobelins qui sont
les fidèles reproductions de quelques
chefs-d'œuvre de Français. Cependant,
et malgré leur importance moindre,
Les Environs de Paris, sont bien suffi-
sants pour étudier la caractéristique de
ce magnifique talent, fait de poésie vaporeuse dans les lointains, en même temps
que de savante et harmonieuse précision
dans les premiers plans. Un peu secs, un
peu décolorés, peut-être, les : *Environs de
Rome*, me plaisent moins, mais j'éprouve
une grande joie à faire la connaissance
du Maître, à l'aide de son excellent
portrait, peint par lui-même, qu'a bien
voulu nous envoyer le musée de Cognac.

Le portrait de Victor Hugo par Bonnat
est une œuvre de tout premier ordre, que
l'on revoit toujours avec plaisir et que
l'on peut étudier avec fruit. — Le visage,

expressif et profond comme le génie de
l'Homère moderne, est rendu, dans son
extraordinaire intensité de vie, avec des
procédés qu'il est curieux d'observer. —
Je dois le dire, pourtant, et quoiqu'en
pensent certains snobs qui admirent de
confiance, je ne suis pas un partisan fana-
tique de ces indications trop sommaires,
qui ne peuvent avoir d'autre but — et qui
n'ont même probablement d'autre but —
que d'escamoter des difficultés ou du travail. Il y a eu, à la grande époque, des
portraitistes d'un certain talent, comme
Van Dyck, Titien, Velasquez, Holbein, qui
prenaient la peine de parachever les mains
et les ajustements de leurs modèles. —
Si, au lieu d'indiquer la dextre de Victor
Hugo par quelques taches convention-
nelles, Léon Bonnat avait pris soin de
nous *portraictu er* fidèlement la main
qui a écrit : *Les feuilles d'automne*, *Her-
nani*, et *Notre-Dame de Paris*, peut-être
eût-il pu dire, comme Titus, qu'il n'avait
pas perdu sa journée !

Combien je préfère, je le dis tout net, la touche fine dans sa hardiesse, des portraits de Ribot! Voici l'image de son ami, le poète Charly, qui semble burinée sur la toile par ce grand évocateur du visage humain qui a nom Holbein! Cette peinture robuste et sobre doit servir, surtout, à nous mettre en garde contre les engouements inexplicables qui font placer à la cimaise d'une exposition, d'inintelligibles et grotesques barbouillages, comme ce : *Portrait d'un jeune garçon*, de Monticelli.

II

Comme il faut toujours, en France principalement, qu'un nom propre serve d'étendard à une manifestation quelconque, qu'elle soit artistique, politique ou littéraire, nous devons reconnaître que dans le *Salon Parisien*, les sympathies se sont divisées en deux grands courants, dont il serait difficile, d'ailleurs, de mesurer l'intensité particulière. — Les uns, proclamant la suprématie de la peinture brillante, agréable, achevée, acclament Roybet, et s'extasient devant la *Main-Chaude ;* les autres, férus de peinture large, de morceaux de nature librement traités, applaudissent furieusement Roll, et se pâment d'admiration devant l'*Enfant au taureau* et *La Femme endormie.* A la vérité, les adversaires ont, chacun de leur côté, des arguments excel-

lents à mettre en ligne, et l'on ne peut
qu'être alternativement de l'avis de tout
le monde, lorsque les uns vous disent que
la peinture de M. Roybet a quelque chose
de *déjà vu* et de banal presque, dans sa
perfection matérielle, tandis que les autres opinent que la peinture de M. Roll ne
perdrait rien à l'abandon de ce coloris
empâté, plâtreux et sans éclat, et à l'a-
doption définitive de ce dessin châtié et
juste qui n'est, en somme, que l'honnête
orthographe élémentaire de l'Art ! En ce
qui me concerne, je me garderai bien
d'établir aucun point de contact entre ces
deux artistes si profondément différents,
et, fidèle à mon principe, je me bornerai
à étudier séparément leurs œuvres sans
comparaisons aussi malaisées qu'intempes-
tives.

La : *Main-Chaude*, de M. Roybet, nous
montre, dans une cour d'auberge du bon
vieux temps, des reitres et des truands
jouant bruyamment avec des maritornes,
très-accortes, ma foi ! et indiquant par

leurs regards émerillonnés et leur panto-
mime galante, qu'ils rêvent je sais trop
quelles suites, aux innocents délassements
qui les occupent pour l'heure.

La scène, spirituellement conçue, est
peinte avec cette couleur savoureuse et
chatoyante qui fait de M. Roybet le rival
des plus grands coloristes. Malheureusement, cette aimable fantaisie, cette merveille d'espièglerie et de malice est traitée
dans des proportions inusitées pour un
semblable sujet, et la grandeur nature
des personnages et des accessoires nuit,
à n'en pas douter, à l'effet d'un tableau
dont les vastes dimensions s'accordent
mal avec l'anecdote, plaisante et bouffonne
j'en conviens, mais d'intérêt médiocre
et vite épuisé, qui y est contée.

Avec M. Roll, je touche, je ne dois pas
me le dissimuler, à l'endroit le plus délicat des controverses artistiques de notre
temps. Je sais très bien que, pour certains, il échappe à la discussion par la
gloire même dont il est auréolé, et que sa

jeunesse, sa fortune, ses médailles, ses
croix et, disons-le loyalement, son talent,
lui constituent, aux yeux des observateurs superficiels, le plus invulnérable
palladium qu'il soit possible d'opposer à
la critique. Tel n'est pas, cependant, mon
humble avis. Je suis, depuis de longues
années, l'œuvre de M. Roll dans son développement intéressant et laborieux, et
j'ai réuni, soit au Luxembourg, soit aux
divers Salons annuels de Paris, soit à
notre Musée municipal, soit aux Expositions périodiques de la Société des Amis
des Arts, une série d'observations qui
vont me permettre, je le crois du moins,
de porter sur cet artiste incontestablement original, un jugement incomplet
peut-être mais sincère. Je le ferai d'autant plus volontiers, que les quelques
réserves que je compte présenter seront précédées de cette catégorique
déclaration : j'admire absolument, dans
certaines de ses parties, l'œuvre de
M. Roll, et j'estime qu'il lui serait facile

de remédier aux imperfections qui le déparent, à mon sens.

Le défaut capital de M. Roll, celui qui me paraît de nature à compromettre sa célébrité dans un avenir plus ou moins rapproché, car il est fou, n'est-ce-pas? de tenir même un compte léger de l'éphémère mode, ce défaut, dis-je, peut être désigné par deux vocables à peu près semblables comme consonnance, bien qu'ayant deux significations distinctes : « Le *Matérialisme* dans la conception s'alliant à la *Matérialité* dans le procédé. »

Occupons-nous d'abord du *Matérialisme*.

C'est un fait avéré pour tous ceux qui connaissent quelques tableaux de M. Roll, que cet artiste, trop exclusivement préoccupé d'extériorité et d'exacte reproduction, néglige presque systématiquement le côté de son art qui fait penser et place, de ce chef, la peinture d'une époque au rang de haut enseignement pour les générations futures. Il convient de mettre

de côté les portraits de M. Roll, ceux par
exemple du peintre Damoye, de M. Al-
phand ou de Coquelin cadet, dans lesquels l'artiste a su, fort heureusement,
traduire la personnalité intellectuelle
des modèles. Mais dans ses compositions,
l'inspiration de M. Roll, visiblement es-
soufflée, se rabat tout de suite sur la fidèle
et parfois étonnante transcription des
objets et des corps, sans toujours parvenir
à synthétiser dans son œuvre, une idée ou
un symbole. Quelques exemples, que je
prendrai, naturellement, dans notre Exposition, me feront mieux comprendre.

Que nous montre M. Roll dans : *Femme
endormie ?* A-t-il songé comme un poète,
comme un artiste, comme un raffiné, que
le sommeil d'une femme, de la Femme,
devait être gracieux, élégant, vaporeux,
subtil et plein de rêves ? S'est-il souvenu
que la femme, cette fleur, ne pouvait être
peinte que comme la fleur, délicatement,
légèrement, amoureusement ? A-t-il composé une scène capable d'évoquer dans

9

l'esprit du spectateur, les doux songes qui bercent sa dormeuse, songes de jeune mère, songes d'amante heureuse ou amers cauchemars de maîtresse délaissée ? — Point ! —

M. Roll a, tout simplement, peint une fille quelconque, dont le torse, beau peut être au point de vue de la chair, gît dans la veulerie d'attitude d'une femelle vautrée.

Oh ! je connais l'objection : *il l'a vue comme ça.*

C'est possible, mais est-il donc besoin d'être grand clerc en esthétique, pour savoir que tous les spectacles ne sont pas bons à être montrés dans les arts plastiques ?

Et nulle idée ne se dégage du tableau, sinon, peut-être, des idées sur lesquelles il vaut mieux ne pas insister ; c'est un robuste morceau de peinture, mais ce n'est pas une œuvre.

Je puis faire, en les adoucissant, les mêmes réflexions pour son *Enfant au*

Taureau. Certes, l'animal est brossé avec
une maîtrise superbe, mais que fait là le
pauvre et maigre avorton qui le tient par
un licol? Pose-t-il assez niaisement, et in-
dique-t-il assez, par son attitude gauche et
contrainte, qu'on l'a placé ainsi pour lui
tirer sa photographie, selon l'expression
consacrée des paysans! — Et puis, il faut
bien le dire, le bras gauche de ce vilain
petit bonhomme renverse toutes les idées
reçues en anatomie. — Gaie, pimpante,
alertement enlevée, est cette : *Joie de vivre*, — mais pourquoi, mon Dieu! ces dimensions exagérées pour un sujet dont,
cette fois, personne, je le pense, ne con-
testera, sinon la banalité, du moins le
manque de profondeur. Faut-il parler
maintenant, de ce que j'ai appelé la *matérialité* du procédé? Évidemment, si l'artiste a le noble souci de se survivre dans
son œuvre, s'il ne veut pas que ses tableaux
soient trop rapidement détruits ou méta-
morphosés par le temps, il doit soigner le
côté technique, le côté *métier* d'un art

qui est, de beaucoup, le plus périssable.
Dès lors, on peut se demander avec in-
quiétude, ce qui adviendra de ces toiles
sur lesquelles la couleur forme de si ex-
traordinaires épaisseurs, que les formes
semblent y être modelées comme dans la
terre glaise d'une ébauche de bas-relief.
L'abus des empâtements dans les tons
clairs, en enlevant la sensation de l'atmosphère enveloppante, donne à la
peinture un aspect blafard qui est bien
loin de répondre à l'attente des artistes,
s'imaginant ainsi faire du *plein-soleil*.
— En outre, grâce aux multiples rugosités
qui subsistent, la poussière et l'humi-
dité ont complètement détérioré une
toile en moins de vingt ans. — Est-ce
vraiment le but que se proposent les par-
tisans acharnés de l'empâtement à ou-
trance?

La *Sérénade* d'Antigna, dont j'ai, bien
involontairement, omis de parler, est une
peinture délicate et fine qui donnera aux
amateurs l'envie de faire plus intime con-

naissance avec ce maître distingué. A ceux-là, je recommande, dans notre Musée, le célèbre *Marchand d'images*, et surtout : *Première Coquetterie*, une ravissante, pure et idéale fillette, se mirant nue dans l'onde claire d'une source.

M. Leliepvre paraît vouloir s'en tenir aux ébauches, mais quelles magistrales ébauches! Si la toile est à peine couverte, du premier jet, la touche définitive est magistralement posée et donne son effet sobre et exact.

Son : *Printemps* et : *les Champs en Octobre,* sont deux merveilleux documents de nature pris par un artiste au talent encore un peu fruste. Il faut souhaiter que par des œuvres plus mûrement conçues et plus patiemment travaillées, M. Leliepvre nous donne sa mesure exacte. M. V. Gilbert est le Dangeau spirituel et précis des petits événements de la rue, dans ce grand Paris, qu'il connaît certainement à fond. *L'Heure du déjeuner,* est une merveilleuse évocation de ce quartier du

Temple, populeux et travailleur, où gron-
dent peut-être sourdement les révolutions
futures, tandis que Gavroche lance ses
lazzis. M. Debat-Ponsan nous montre une
illustration démesurée pour la chanson
de Pierre Dupont :

J'ai deux grands bœufs dans mon étable.

Sujet banal, coloris maigre ; le soleil à
midi donne plus et mieux. M. Billotte a
su trouver, ce qui est certainement le signe d'un puissant tempérament artistique,
une poésie spéciale et indicible aux pauvres
faubourgs de Paris qui avoisinent les for-
tifications. Cela est traité en grisaille,
dans ces tons effacés et presque mono-
chromes des heures crépusculaires. Les
toiles de Billotte sont une date dans l'évo-
lution picturale de cette fin de siècle, et elles
resteront. Les éloges qui précèdent ne doivent pas faire oublier à M. Chevalier, dont
le : *Village de Perros-Guisec,* rappelle si
étrangement, à la fois Iwill et Billotte,
que le premier devoir d'un artiste est d'é-

tre soi-même. Le *Coup de vent d'Ouest*
du même peintre donne, cependant, une
note plus personnelle.

M. Ernest Bordes a exposé un splendide portrait du Dr Paul Reclus. Ce simple visage est du plus grand art, que je
préfère, pour ma part, à certaines immenses *machines* qui n'ont de remarquable que leurs dimensions inusitées. La :
Manon, de Mlle Abbéma n'est pas belle,
hélas ! — Où diable Desgrieux avait-il les
yeux ? M. Pointelin me déconcerte absolument — Devant ces arbres couleur
de réglisse et ces ciels couleur de suie
délavée, je reste rêveur et ma rêverie
tourne à l'ahurissement quand je constate,
sur le livret, que M. Pointelin est titulaire
d'une foule de médailles, et même de la
Légion d'honneur, s'il vous plaît ! Ho-
chets de vanité distribués au talent officiel, voilà bien de vos coups !

Le tableau de M. Aublet : *A l'eau!* est
une page bourgeoise, d'exécution bourgeoise, qui devait plaire évidemment à des

bourgeois accidentellement réunis en artistique aréopage. C'est pourquoi vous souffrirez, malgré l'acquisition qu'en a faite la Société Philomathique pour sa loterie, que je ne m'enthousiasme pas outre mesure au sujet d'une peinture qui ne nous révèle rien, ne nous apprend rien, malgré l'incontestable maîtrise avec laquelle est traitée la *marine*, que viennent plutôt déparer ces femmes déshabillées, assez gauchement campées au premier plan. Combien je goûte mieux la tranquille majesté de la mer, dans : *Marine, Effet de Soleil*, de Mme Elodie La Villette. On hésite à croire qu'une main de femme puisse brosser d'aussi vastes toiles avec cette souple énergie. Le talent sobre et vibrant de Mme Elodie La Villette, son coloris très-chaud, mais savamment atténué en harmonies sourdes, me plaisent infiniment, et placent l'artiste au premier rang des interprètes émus et poétiques de l'un des plus beaux spectacles de la nature.

M. Charles Busson est un des derniers représentants de l'école du grand paysage composé, laquelle cède aujourd'hui la place à l'étude plus ou moins agréable du morceau exact. Dans ce premier genre, *Souvenir de Touraine* est une œuvre remarquable. Tandis que je regardais le tableau de M. Loup : *Tête de femme d'Ourmiah*, je me ressouvenais *in petto*, de la judicieuse réflexion de l'un des animaux conviés par le singe à admirer la lanterne magique qu'il avait négligé d'éclairer :

Moi, disait le dindon, je vois bien quelque chose,
Mais je ne sais pour quelle cause,
Je ne distingue pas très-bien !

En aurons-nous bientôt fini, avec ces coloristes étranges qui éprouvent le singulier besoin de nous représenter des images falotes et imprécises, sabrées, Dieu sait pourquoi, de tous les tons d'une boîte de pastel.

Nul ne m'accusera d'être un révolution-

naire. — Je professe — et ce faisant, je
persiste à croire que j'ai raison, — le respect des talents consacrés par des œuvres. Même devant l'erreur d'un artiste
qui a autrefois fait ses preuves, je m'abstiens de plaisanteries faciles.

Laissez-moi donc fuir loin, bien loin, des
Femmes fellahs au bain, car je finirais
par manquer de courtoisie envers le vénérable M. Gérôme. Décidément le tact
qui consiste à arrêter sa production artistique quand l'œil et la main n'obéissent
qu'imparfaitement à l'esprit, n'appartient
pas à tout le monde.

Des deux envois de M. Georges Durst,
le meilleur me paraît être cette petite :
Basse-cour, qui est bien, en effet, un morceau de choix. *Jardinière au soleil*, ne
rend pas, me semble-t-il, ce que promet
son titre, tant pour la chaleur du ton général que pour la vibration de la lumière.

Discrètement, avec deux petits portraits
pas plus grands que ça, M. Weerts sait

parfaitement arrêter et retenir les connaisseurs. Si quelqu'un pouvait démontrer victorieusement l'inutilité des kilomètres carrés de toile peinte pour traduire la pensée d'un artiste, ce serait je le crois, M. Weerts, avec ses intéressantes et vivantes figurines.

La facture de M. Petitjean reste allègre et lumineuse, mais M. Bergeret a été souvent plus heureux que dans son envoi de cette année : *Poissons*, où ne se retrouve même pas l'habileté un peu banale qui a fait la réputation de cet artiste. En revanche, M. Monginot a perdu le secret de ses premiers triomphes, car il ne nous montre plus, depuis longtemps, de pages de la valeur des : *Oiseaux de broche*, que j'ai revus avec plaisir.

Quel art représente M. Sisley ? A quelle pensée obéit-il en interprétant la nature avec la touchante naïveté d'un petit garçon à qui l'on vient de faire cadeau d'une première boîte à couleurs ? J'ai d'abord essayé de percer cet insondable mystère,

mais bientôt, découragé par la féroce
puérilité de ce gâchis multicolore, j'ai re-
noncé à poursuivre mes recherches sur
des œuvres dont l'incohérence systémati-
que ou inconsciente me déroute absolument.

Le : *Parc à Moutons*, de M. Pezant est
d'une couleur jaune bien désagréable —
Je préfère le : *Troupeau de moutons, journée d'hiver*, de M. Carl Tragardh. Le
mouvement particulier à chaque race est
subtilement étudié et très heureusement
rendu par cet artiste. — Le paysage reste
un peu lourd, surtout dans les fonds, mais
les animaux, qui sont, en somme, la partie principale du tableau, indiquent un
jeune talent plein de promesses. M. Camille Bernier est un vétéran du succès.—
Avec : *Un Chemin en Bretagne*, le Maître
soutient dignement sa renommée.

Que peut-on dire de M. Gagliardini ?
Une fois payé, le juste tribut d'éloges que
réclame son coloris prestigieux, on est
bien obligé de reconnaître que ses éter-

nelles variations sur un thème connu sont
d'une navrante banalité.

M. Paul de Laubadère, un peintre de
talent cependant, dont j'admirais, hier
encore, la très belle *Mort de Saint-Joseph*
que possède la cathédrale de Condom,
n'expose qu'une *Bacchante, étude pour
un tableau.* Quel dommage, que l'artiste
ne nous ait point montré ce tableau lui-
même, au lieu d'un fragment sans signification qu'on a, du reste, prudemment
placé hors de la portée du regard.

Finissons-en, avec ces ouvrages qui ne
sont que des prétextes plus ou moins adroits
à exhibitions d'études de nu à l'atelier.

Si à la : *Fin d'une séance*, le modèle de
M. Rousseau s'étire et se contorsionne
aussi disgracieusement, il eût mieux fait
de nous le montrer un peu avant. Simple
morceau d'étude, du reste, que le peintre
pourra reprendre sans inconvénient, en
commençant par les cheveux, d'un rouge
faux à rendre jaloux le *ré* fameux du
piano de Schaunard.

Les *Bords de l'Yonne* ne sont pas une des meilleures pages de M. Zuber. Il convient, cependant, de louer la belle harmonie des lignes et la sérénité douce qui enveloppe l'œuvre d'un frisson d'agreste poésie.

J'ose affirmer à M. Perret que, en général, les jeunes gens de la campagne ont l'air moins profondément stupide qu'il ne paraît le croire. Dans : *l'Homme des Champs* et : *le Printemps de la vie*, M. Perret nous donne des silhouettes démesurées dont l'angle facial décèle une incurable bêtise. La peinture est maigre et sèche, et puis, pourquoi ces dimensions, mon Dieu! pour nous dire si peu de choses !

La : *Communion chez les Bénédictines*, de M. Emile Renard, est une scène pleine d'émotion mystique. Malheureusement, la lourde grille qui sépare les Religieuses du reste des vivants est d'un bien fâcheux effet au point de vue artistique.

Le : *Porteur de dépêches* (Italie 1796), est un épisode de l'épopée de Bonaparte, dont l'intérêt, disons-le, n'est pas absolument palpitant. Il faut avouer aussi qu'un artiste aussi original que M. Bouligny pouvait seul avoir cette idée étrange, voulant couvrir une vaste toile, de concentrer tellement son effet et son action sur l'extrême coin gauche, que l'on se demande, avec raison, à quoi sert l'autre côté.

M. Emile Adan est un charmeur. Son *Retour de Vendanges* est plein de cette ineffable poésie dont le crépuscule inonde les âmes les plus grossières.

M. Luigi-Loir excelle à rendre par des tâches vigoureuses et extraordinairement habiles, les points de clarté que font, dans une pénombre propice, les becs de gaz ou les signaux multicolores d'une gare de chemin de fer. La peinture à l'huile, avec ses empâtements puissants, offre naturellement, pour de tels sujets, des ressources que ne possède point la simple aquarelle. Aussi M. Luigi-Loir a-t-il un peu combiné plusieurs procédés dans : *Vue prise à Paris* et dans : *Lever de lune,* que le livret dénomme improprement *aqua-relles*. Ce sont, en effet, des *gouaches*, car les lumières si étonnantes de vérité et d'intensité, sont obtenues par de légers empâtements. A part cette petite tricherie bien excusable, l'envoi de M. Luigi-Loir est absolument remarquable.

Le printemps a des effets désastreux sur les amoureux de M. Jean Sala qui se boudent, je crois, avec acharnement. Peinture gracieuse et fine, observation très spirituelle d'un de ces orages passagers, familiers aux victimes du petit Cupidon.

Le : *Terrain de défense à Ivry*, de M. Denisse donne une note d'art aussi intense que personnelle. Malgré l'importance des toiles de nos compatriotes Jean Cabrit et Saint-Germier, exposées, je ne sais pourquoi, dans le Salon Parisien, je tiens à réserver ces deux artistes pour l'étude spéciale que je vais consacrer au Salon Bordelais.

Je veux signaler enfin, un très intéressant *Portrait de l'abbé G...*, de Mme Marie

Garay ; une amusante silhouette de : *Desservant de Village* de Mlle Jeanne Perret, et de très-belles : *Fleurs-de-Nice*, de Mlle Marguerite Brun.

Le Salon Parisien comprend également une magnifique collection de dessins et d'estampes dont la plupart, reproductions d'œuvres connues, n'ont plus qu'un intérêt technique. De ce nombre n'est pas le cadre contenant des lithographies pour les chansons de Delmet, qu'expose M. Willette. — Vous dire que j'admire cet art, vous dire même que je sais pourquoi certains font profession de l'admirer, serait vous donner une bien fâcheuse idée de ma véracité. — Je ne suis pas, je l'avoue humblement, un initié, et il me faudra probablement boire pas mal de bocks et culotter pas mal de pipes, dans ces brasseries montmartroises qui sont, ainsi que chacun sait, les cornues où s'élaborent les génies de demain, pour arriver à mettre mon enthousiasme à un diapason convenable.

10

' Les envois de la sculpture sont assez rares. Je remarque cependant un *Avril* (statue plâtre), de M. Suchetet, une jeune femme encore frileuse, ramenant d'un mouvement plein de grâce, ses bras exquis sur sa poitrine dont elle presse légèrement les adorables rotondités. C'est fort exactement observé et très artistiquement rendu. Enfin, je salue au passage la très vivante et très puissante image de Yann Nibor, le poète des matelots, dûe au vigoureux ébauchoir de M. Jacques Le Duc.

LE SALON BORDELAIS

LE

SALON BORDELAIS

I

A une époque où les questions de dé-
centralisation prennent un caractère d'a-
cuité qu'elles n'avaient pas encore atteint
depuis la disparition de l'autonomie relative dont jouissaient les provinces avant
la mise en œuvre, par la Révolution et
l'Empire, du système actuel de servitude
intellectuelle pour tout ce qui n'est pas la
capitale, système que n'ont fait qu'aggra-
ver les incessants perfectionnements des
modes de locomotion et de correspondance, il est peut-être opportun, en étu-

diant spécialement notre École Bordelaise, d'examiner attentivement le point
particulier de savoir si le pays, dans son
ensemble, n'aurait pas à espérer de pri-
mordiaux avantages de la libre multiplication des centres d'activité cérébrale.

Dans la peinture, principalement, car je
veux borner à cet Art ma rapide démons-
tration, nous voyons que les nations ayant
brillé du plus vif éclat par la gloire de
leurs artistes, sont, précisément, celles
dans lesquelles l'émulation naissait logiquement de l'existence simultanée de plusieurs Écoles rivales.

Je puis le prouver, d'abord, en rappe-
lant l'exemple topique de l'Italie des xvi^e
et xviie siècles dont les multiples subdivi-
sions politiques correspondent à autant
de manifestations artistiques parfaitement
distinctes. Il est évident, en effet, que si
la Péninsule avait été affligée d'une Ville-
Lumière, donnant son mot d'ordre dans
toutes les branches de l'activité humaine,
elle eût, peut-être, obtenu des succédanés

de l'Ecole de Rome, mais elle eut certainement été privée de l'éclosion spontanée de ces génies si profondément différents dans leur originalité, qui illustrèrent Bologne, Venise et Florence. Je vais encore trouver, en Espagne, et à la même époque, des circonstances non moins probantes, à l'appui de la thèse que je soutiens. Croit-on que si ce pays avait joui de notre étrange organisation sociale, laquelle, réduisant à l'état de foule incompréhensive environ quatre-vingt-quinze pour cent des Français, n'accepte une œuvre ou un artiste qu'avec l'estampille parisienne, et fait converger toutes les forces vives d'une grande nation vers un point unique, au risque d'y provoquer la pléthore, croit-on, dis-je, que l'Espagne aurait pu voir naître, à la fois, ces trois grands artistes si essentiellement personnels qui sont : Ribera, avec l'Ecole de Valence, Murillo, avec l'Ecole d'Andalousie, et Velasquez, avec l'Ecole de Castille?

Je ne le pense pas, et mon opinion est

chaque jour corroborée par l'observation
des faits. Que se passe-t-il, en effet, maintenant? Paris donne la mode, décrète
l'excellent et le pire dans les arts et dans
la littérature, comme pour les ajustements
féminins. Et alors, dès qu'une formule
quelconque, plus ou moins bonne, plus
ou moins originale, parvient à acquérir ce
semblant de vogue factice et boursouflée
dont s'emparent des industriels habiles à
circonvenir l'amateur, nous voyons la
province, qui ne peut prétendre à donner
sa note dans ce concert des plus inatten-
dues innovations, car on ne l'écouterait
pas, suivre, parfois sans discernement, la
route indiquée, et copier, plagier, imiter,
à l'instar de cet abbé célèbre qui, n'ayant
pas énormément d'esprit à soi, emprun-
tait assez volontiers l'esprit des autres, et
compilait, compilait, compilait.......

Que trouve-t-on, dès lors, à d'honora-
bles exceptions près, dans les expositions
provinciales, en dehors de l'inévitable
cortège *d'invendus* qu'expédient avec

empressement les marchands parisiens ?
Ici, c'est un sous-Roll, là c'est un sous
Ribot ; en face c'est un faux Puvis de
Chavanne, à côté c'est un Harpignies
avec un faux nez. Mais peut-on blâmer les
artistes qui, hésitant à puiser dans leur
propre fond, essaient d'arriver par les
sentiers battus, alors que nous avons vu
François Bonvin mourir obscur et Millet
crever de misère ?

Cependant, je le crois, rien n'est plus
préjudiciable à l'avenir de l'Art en France,
que l'absence d'Ecoles séparées, s'attachant à conserver leur originalité et à
rester le reflet exact des mœurs et des si-
tes. La concentration sur un même point
de tout ce qui, au pays natal, s'élève ou
semble vouloir s'élever au-dessus du vulgaire, est absolument néfaste, car, par la
fréquentation, par le frottement, les tempéraments se nivellent, les originalités s'at-
ténuent et les personnalités émoussées ces-
sent de s'affirmer avec cette fougue puissante qui, seule, fait les grands hommes.

Qu'un artiste de la Flandre française vienne à Paris, en même temps qu'un peintre provençal, et au bout d'un délai relativement court, le premier adoucira l'indicible mélancolie de ses ciels gris et de ses routes plates, courant à perte de vue entre les mornes étendues des champs de betteraves, et le second, séduit par les fines grisailles des paysages de la grande ville, diminuera, presque sans le vouloir, le tonitruant éclat de sa Provence. Alors, tous deux feront peut-être plus *joli*, plus *harmonieux*, mais la note d'art aura disparu, quand la sincérité, même brutale, aura fait place à la convention.

Ce désir de voir, au point de vue artistique seulement, renaître la vie provinciale est, du reste, partagé par d'excellents esprits, et je n'en veux pour preuve que l'ardente campagne menée par M. André Theuriet, au nom de la Société d'Ethnographie, contre le terrible fléau de *l'instar de Paris*. Le sympathique écrivain voudrait, comme moi, qu'une di-

gue fut élevée contre l'inondation de banalité qui menace de nous submerger, et
il désirerait que fussent conservés aux
provinces, ces cachets savoureux et particuliers qui font de notre France, par la
multiplicité des mœurs et la diversité des
caractères, une réduction de l'Europe.
Peut-être, grâce à ses efforts, pourrons-
nous encore admirer les Arlésiennes en
costume national dans les arènes, et les
vieux Celtes en braies antiques, près des
menhirs de Penmark, au lieu de rencon-
trer, à chaque corne de bois, un rustre
en *complet* de la *Belle-Jardinière*.

Certes, je ne redoute pas les puériles
clameurs des chauvins.... naïfs, qui voient
ou feignent de voir dans tout essai de résurrection de cette féconde vie provinciale, une sacrilège tentative de démem-
brement de la Patrie. Ce sont là des arguments plutôt niais, qui n'ont rien à voir
avec une controverse purement artistique, car, d'une part, nul ne songe à di-
minuer l'autorité et le prestige que notre

chère France tire de son unité politique,
et, d'autre part, y songeât-on, que des
exemples fameux seraient là pour démontrer l'inanité et les périls d'un semblable projet. Je me demande, cependant, si c'est bien à Bordeaux qu'on peut
se montrer l'apôtre de la décentralisa-
tion. Nulle part, je le crois, on ne constate, autant que chez nous, cet exode souvent prématuré des jeunes artistes,
dévorés, dès qu'ils savent à peu près
brosser une toile ou modeler un buste,
de la fâcheuse ambition de conquérir cet
hypnotisant Paris, telles des phalènes
étourdies, fatalement entraînées par l'éclat
d'un flambeau dangereux.

Peut-être, la difficulté de l'écoulement
de la production artistique excuse-t elle
cette âpre recherche d'un terrain d'action
plus propice. Mais, si l'on considère que
le riche amateur de province prétend, de
son côté, n'acheter que rarement à ses
compatriotes, sous le prétexte que leurs
œuvres s'élèvent difficilement au-dessus

d'une honorable médiocrité, on peut conclure qu'il y aurait avantage certain, pour tout le monde, à aider au développement de quelques grandes Écoles des Beaux-Arts provinciales, tant pour faciliter cette indispensable manifestation des tempéraments artistiques, si différents selon les contrées, que pour épargner aux artistes incomplets ou à vocation douteuse, le long et douloureux calvaire que réserve trop souvent aux volontaires de l'Art ce quartier de Paris si justement dénommé Montmartre, ou *Mont des Martyrs !*

II

Il reste encore à Bordeaux, Dieu merci,
nonobstant d'ingrats départs que viennent
tempérer périodiquement des retours in-
téressés, un groupe d'artistes de valeur,
qui nous permet, sans trop de ridicule,
d'afficher la prétention de posséder une
École bordelaise. Je sais bien que si notre
vanité gasconne trouve son compte à cette
simple constatation, la logique se montre
assez fortement heurtée par un examen
plus approfondi, car, tandis que les Quinsac et les St-Germier, pour ne citer que ces
deux bordelais véritables, ont planté leur
chevalet sur les bords fleuris qu'arrose la
Seine, notre pléiade bordelaise, qui comptait, au premier rang, feu Baudit qui était
suisse, comprend, à cette heure : M. Auguin, qui est de Rochefort, M. Pradelles,
qui est de Strasbourg, M. Cabié, qui est

bas-breton, et M. Smith, qui n'a que tout récemment cessé d'être anglais.

Mais qu'importe, après tout ! Puisque l'Ecole bordelaise que je rêve, c'est-à-dire ce cénacle d'artistes également épris du Beau éternel et vivant dans des sentiments d'amitié réciproque et d'indulgente confraternité n'existe pas, bornons-nous à examiner les œuvres. Peut-être un jour, les peintres s'apercevront-ils qu'il n'y a aucun profit pour eux à demeurer constamment sur le pied de guerre, et qu'à leurs divisions exaspérées par l'amour-propre, nous devons des mœurs locales tellement singulières que, lorsque à l'occasion de l'Exposition, j'émis discrètement l'idée d'une réunion fraternelle des artistes exposants, mon interlocuteur prit soudain une attitude effrayée et me répondit : « Mais, malheureux, on s'y arrachera les yeux ! ». Et c'était vrai, peut-être !

Certes, je sais que la lutte quotidienne a des nécessités cruelles, mais croit-on,

de bonne foi, acquérir plus de talent ou
augmenter sa valeur morale, en déniant
systématiquement à ses voisins, tout talent et toute valeur ? Je souhaite ardemm-
ment, si mon utopie des grandes Ecoles
provinciales doit se réaliser un jour, voir
enfin nos artistes plus uniquement préoc-
cupés de l'œuvre à laisse· derrière soi.
Cela seul importe, ne l'oublions pas,
même dans notre époque de lucre et de
mercantilisme, où les rivalités sourdes,
les intrigues perfides, les jalousies fu-
rieuses ne sont, peut-être, que la manifestation logique de ce besoin, tous les jours
plus âpre, d'acquérir beaucoup pour jouir
davantage qui est l'aimable caractéristique de notre triste fin de siècle.

On pourrait presque croire que nos petites misères humaines passent, sans l'atteindre, au dessous de son âme, tant le
vénérable maître Auguin conserve de
sérénité douce, de charme indicible et
d'ineffable poésie, dans ses paysages
lumineux et profonds. Soit que vous

éblouissent les horizons magnifiques des :
Landes du Cap-Breton ; soit que vous
vous perdiez, en esprit, dans les mystérieux méandres de la : *Solitude, forêt de
Contis* ; soit que vous respiriez la vivi-
fiante brise marine qui souffle à travers :
Le sentier, forêt du Verdon ; vous re-
trouvez, toujours, cette interprétation
émue, ce faire délicat et subtil qui trans-
forment chaque toile de ce grand artiste
en un enivrant poème, rythmé par le
bruissement des ramures et le bruit loin-
tain, monotone et doux de la vague qui
déferle. Auguin a su symboliser, synthétiser, en l'adoucissant, en la transformant
en mélancolie dont la douceur va jusqu'à
la griserie, la silencieuse tristesse de nos
landes et de nos immenses grèves de sable. Auguin n'ajoute pas, comme Corot,
aux idéales reproductions de cette nature
qu'il aime tant, des corps de nymphes
diaphanes, pour donner une forme tangible à sa rêverie, mais le poète peut les
évoquer facilement dans les clairières et

11

écouter se mêler harmonieusement au murmure des sources, les rires sonores et perlés des gracieuses divinités disparues.

Moins riantes, sont les pensées que font naître les œuvres de M. Salzedo. Cet artiste distingué s'est fait une spécialité de chroniqueur fidèle des drames sombres qui se jouent, chaque jour, dans le temple austère de Thémis. Dans : *Le Témoin*, dans : *L'Auditoire*, M. Salzedo nous écrit, d'un style acéré et sûr d'observateur philosophe, les affres tragiques, ou, plus simplement, les angoisses, qui envahissent l'être quelconque appelé comme accusé, témoin ou plaideur devant l'appareil suranné de cette justice humaine si différente, hélas ! trop souvent de la justice... tout court. M. Salzedo excelle à concentrer sur ses petites figurines, soigneusement traitées, sans minutie inutile, des émotions et des pensées, et par le temps de *tâche* et *d'impression* qui court, ce n'est point là un mince éloge. Des... amis de l'artiste si sympathique, ont essayé de rééditer la fa-

ble de l'*Ours et l'amateur des jardins*, en
voulant absolument écraser sa production
actuelle par la comparaison avec cette
œuvre antérieure : *Le Contrebassiste*,
dont ils ont, à plaisir, exagéré les mé-
rites. Certes, *Le Contrebassiste* est une
petite page merveilleuse, absolument
digne des Hollandais de la bonne époque,
mais j'estime que le talent toujours jeune,
toujours vigoureux du maître, peut nous
donner non seulement aussi bien, mais
encore mieux, si j'ose dire, par le choix
du sujet et l'élévation de la pensée.

M. Etienne Tournès voit systématiquement ses sujets à travers les brouillards
d'un jour levant ou d'un crépuscule
avancé. Dans cet ordre d'idées, il arrive
à de jolis effets de douceur, mais la vrai-
semblance est par trop bannie de ses
toiles, et sans insinuer que cette pénombre propice supprime ou atténue bien des
difficultés, je me bornerai à regretter que
le : *Portrait de mon frère*, nous offre trop
l'image d'un monsieur qui paraît regarder

tirer son vin dans sa cave, après avoir
soufflé sa chandelle.

Le talent de M. Jean Cabrit est, avant
tout, fait de virilité. Il campe l'arbre robuste dans des terrains gras et solides
avec une incomparable virtuosité. Ses :
Bois mouillés (envoi de l'État), sont un
ouvrage de tout premier ordre, dans lequel je voudrais, cependant, saisir cette
pointe d'émotion qui fait l'œuvre d'art.
Je n'ai éprouvé aucune sensation artistique en revoyant la : *Clinique du D*r *B.*, de
M. Gintrac-Jouasset. Cette immense *ma-
chine*, plate et sans relief aucun, a le tort
considérable de rappeler par plus d'un
côté les toiles qui ornent les frontons des
Musées anatomiques de nos foires semes-
trielles. Ne forçons point notre talent...,
dit un proverbe, et je crois décidément que
le proverbe a raison. — M. li. Pradelles
nous montre son ancienne et sa nouvelle
manière, dans : *Floirac, près Bordeaux ;
Belle matinée de septembre au Castel,
Talence*, et *Rochers de Sainte-Barbe, à*

Saint-Jean-de-Luz. D'aucuns préfèrent
celle-ci à celle-là, mais j'avoue bien sincé-
rement, pour mon compte, n'aimer beaucoup ni l'une, ni l'autre.

Je n'ai point été toujours très enthousiaste du talent un peu *académique*, un
peu *professoral* de M. Dupuy, et c'est
pourquoi je suis fort aise d'avoir, aujour-
d'hui, à louer sans réserve une page abso-
ment hors ligne de cet artiste. *Portrait
de mon père*, est l'image robuste et expres-
sive d'un vieillard apparemment occupé
des choses de l'esprit, si j'en crois les pa-
piers qu'il feuillette, et les palmes acadé-
miques qui étoilent sa boutonnière. Le visage, très vivant, très intelligent, s'enlève
sur un fond d'accessoires traités sans
mièvrerie, mais avec un louable souci du
détail. C'est, non-seulement, un excellent
morceau de peinture, mais c'est encore,
je le crois, une des pages qui font le plus
d'honneur au talent de M. Dupuy.

M. Alfred Smith a envoyé trois vastes
toiles dont l'une, au moins : *Les quais de
Bordeaux, le matin*, réclame, par l'énorme

effort accompli, par l'heureux effet d'une
notation un peu sommaire mais claire et
vibrante, un examen attentif. Quant au :
Déjeuner sous bois, j'ai eu déjà, à diverses
reprises, l'occasion de m'en occuper, et si
je persiste à trouver, d'abord, que les
immenses proportions du tableau détonnent avec la bonhomie banale du sujet, je
n'en rends pas moins justice à la vaillance
de la touche, en regrettant cependant certaines dispositions de mise en toile qui
donnent, à mon sens, trop d'importance à
la vulgaire reproduction d'objets mobiliers
dont l'aspect n'a rien d'absolument artistique. Passons rapidement sur : *Sous-bois
au soleil*, et arrivons au morceau capital
de l'exposition de M. Smith, à l'œuvre dans
laquelle il a voulu donner sa mesure
actuelle, à ces : *Quais de Bordeaux, le
matin*, devant lesquels on s'est répandu,
tantôt en dithyrambes laudatifs, tantôt en
critiques amères et passionnées, alors que
ce tableau ne vaut, peut-être, ni cet excès
d'honneur, ni cette indignité.

S'il m'était permis de discuter, en premier

lieu, l'idée qui a présidé à la composition
de cette œuvre, je ferais remarquer à l'artiste simplement ceci : « Comment ! vous
avez à peindre les quais de l'un des grands
ports commerciaux de France, et, à part
de rares silhouettes de navires, indiquées
d'un trait dans le brouillard estompé des
fumées, vous ne nous montrez que des
charrettes ! Comment, vous abordez un
sujet qui pourrait être le symbole du colossal labeur dont nos quais sont quoti-
diennement le théâtre, et au lieu d'essayer
de rendre l'animation fébrile des négociants et des commis, des rouleurs et des
transporteurs, au lieu d'écrire, d'une écri-
ture artiste, le halètement des bêtes de
trait, la rude et bruyante besogne des arri-
meurs, l'affairement des trafiquants et de
leurs auxiliaires, vous ne trouvez à nous
raconter que l'arrêt, propice à l'étude
détaillée, mais peu intéressant, en somme,
de chevaux mangeant leur picotin, de dé-
bardeurs réglant leurs comptes, et pour
résumer d'un mot le mouvement de notre

port, vous y placez ce tramway, symbole de la lenteur, et cet employé d'octroi, dont les médisants ont fait le prototype de la fainéantise! Vous avez été certainement mal inspiré, car votre œuvre, louable au point de vue de l'exactitude quasi-photographique des lieux et des personnages, manque d'intention et de signification.

Voyez, dans notre Musée, ce port de Bordeaux peint par le vieux Pierre Lacour! Certes, pour l'immensité du tableau, les figures ont le tort grave d'être trop minutieusement traitées, et l'effet d'ensemble s'en trouve amoindri. Mais quelle force d'expression dans l'œuvre de l'artiste qui ne sut malheureusement pas consentir aux sacrifices imposés par les vastes toiles! Ah! on travaille sur les : *Quais*, de Pierre Lacour! Ici, on décharge du *merrain*, là, on radoube une barque, plus loin, un attelage enlève un fardier chargé de pierres; tout grouille, tout remue dans ce champ d'incessante activité qu'est un port de mer, et comme repoussoir habile à ce labeur universel, il y a même un bourgeois qui regarde travailler les autres, et semble, du bout de sa canne, signaler l'intéressant spectacle aux dames qu'il conduit. De telle sorte qu'en contemplant, aujourd'hui, le tableau de Pierre Lacour, nous nous faisons une idée exacte de la prospérité commerciale de Bordeaux à son époque, tandis que nos petits-neveux, en regardant la toile de M. Smith, se diront vraisemblablement que, de notre temps, on ne *se la cassait pas*, sur les quais.

Quant aux procédés, j'estime que M. Smith emploie, pour de simples tableaux de chevalet, des moyens qui devraient être réservés exclusivement aux vastes compositions. Ses bonshommes, dont les formes.... postérieures sont obtenues par des empâtements allant jusqu'au relief, sont nécessairement lourds, et si, de prime abord, l'œuvre séduit par sa couleur puissante et juste, elle supporte assez malaisément l'analyse détaillée.

M. Paul Sébilleau a une fort intéressante exposition, dans laquelle se retrou-
vent les qualités maîtresses de cet artiste :
dessin très serré, couleur harmonieuse,
scrupuleuse observation des valeurs. M.
Sébilleau ne sacrifie rien au hasard ; tout,
dans ses œuvres, est étudié avec soin,
voulu et rendu avec une grande probité
artistique. Sa : *Lisière de bois à La Brède*,
son : *Mars dans les bois de La Brède*,
donnent, avec une merveilleuse exactitude, l'impression si finement poétique des
bois dépouillés, sous leur coloration grise
et rousse, se perdant par gammes insen-
sibles jusqu'aux buées des lointains, tandis que, dans : *Août dans les prés-salés
au Verdon*, M. Sébilleau a su faire vibrer,
avec une étonnante vérité, un de ces
ciels déversant, à la fois, la lumière diffuse
et la chaleur torride.

Un autre artiste ému et sincère, profes-
sant le noble mépris de la réclame
bruyante, c'est M. Cantegril. Je ne puis
que répéter sur sa : *Matinée d'hiver dans*

le bois de Taussat, ce que j'en disais,
voici quelques mois, lors de l'ouverture
du Salon des Amis des Arts : « Cette œuvre, disais-je, est empreinte de charme
discret et de mystérieuse émotion. L'âme
du peintre a passé tout entière, on le sent,
dans cette amoureuse interprétation des
bois qu'il connaît si bien. Ses arbres,
dont les troncs sont estompés dans les
gris très-doux des givres, enlèvent vigou-
reusement leurs rameaux sur l'intense
rougeoiement d'une aurore hivernale.
L'effet, très-juste, est d'une grandiose
simplicité : c'est une œuvre excellente, à
la fois de peintre et de poète. — Maintenant, puis-je ajouter que dans : *Un soir sur
les Crassats*, je trouve les silhouettes des
barques, des *pinasses*, — soyons exact —
un peu dures sur le ciel, tandis que je
loue sans réserve le grand frisson mélan-
colique qui enveloppe si harmonieusement les : *Landes de Pont-Aven*.

Le : *Troupeau à la mare*, de M. Gaston
Guignard, est une page de maître, très

savoureuse dans sa notation si originale
et si personnelle des chaudes pénombres
crépusculaires. La théorie des complé-
mentaires et des reflets est appliquée ici
jusque dans ses extrêmes conséquences.
Un pas de plus dans cette voie, c'est-à-dire
dans la transcription intégrale des moindres demi-teintes, et nous serions en plein
impressionnisme. M. Gaston Guignard
saura éviter cet écueil, mais il n'était pas
inutile de signaler l'influence, passagère
espérons-le, des arcs-en-ciel du Champ-
de-Mars, sur le talent sobre et puissant de
notre compatriote.

M{ }^{lle} Clémence Molliet, elle aussi, semble se complaire dans certaines étran-
getés de coloris qu'il est, je le sais fort
bien, de bon ton d'admirer de confiance,
mais que je persiste, nonobstant, à n'accepter qu'avec cette grimace particulière
aux gens qui mâchent du citron. — Ses
deux : *Pastels*, sont deux petites études de
fillettes des champs, sur le visage des-
quelles semble avoir déteint toute l'herbe

d'une prairie. — Il y a là, un parti-pris
évident, une incontestable exagération
d'effets qui existent, peut-être, dans la
nature, à l'état d'indications impercepti-
bles, mais dont la trop brutale affirmation
peut donner de la singularité à une œuvre sans lui ajouter de valeur.

En revanche, Mlle Clémence Molliet
triomphe pleinement, lorsque, abandonnant les visions préconçues et les théories d'atelier, elle livre son âme d'artiste
et ses doigts de fée à la transcription
émue de ce poème de la fleur! Le : *Trypti-
que : avril, juillet et octobre*, est une pure
merveille, et il me suffira, pour conclure,
d'en appeler au peintre qui nous montre
des petites filles vertes et jaunes, au peintre qui sait écrire les fleurs avec tant de
virtuosité.

M. Félix Carme est un magicien de la
palette, qui semble, tant ses fleurs sont
chatoyantes et rutilantes, poser simplement sur la toile la substance même des
pétales et des corolles. Dans : *Aveu dis-*

cret, l'excellent artiste s'est élevé jusqu'à la composition véritable, en donnant un sens délicat et subtil à l'avalanche parfumée de ses roses, de ses lilas et de ses pivoines. Son bouquet énorme étant placé sur un petit mur mitoyen, et M. Carme ayant supposé, d'un côté, une amoureuse rougissante, et de l'autre, un amoureux timide, a chargé les fleurs elles-mêmes de parler pour le jouvenceau inexpérimenté. Le poète qui a transcrit en quelques vers, sur un cartouche d'or fixé au bas du tableau, cette gracieuse pensée — (et comme ce poète c'est moi, je m'abstiens de commentaires!) — termine par ces deux strophes :

De l'éclat dont votre front brille,
Mes roses diront la beauté;
Ce lilas, c'est la pureté
De mon amour, ô jeune fille !...

Mais près des pistils embaumés
Si quelque papillon s'avance,
Oh ! chassez-le : c'est l'inconstance,
Et je vous aime pour jamais !...

L'œuvre de M. Carme a été très justement remarquée.

Je m'explique mal, dans la plupart des cas, la couleur bizarre des tableaux de M. Héron, et je préfère de beaucoup faut-il le dire, le talent souple et nerveux de Mlle Marguerite Jacquelin, dans ses *Portraits*, à son effort malheureux dans : *La Réprimande*, que je ne puis signaler que comme l'erreur d'une artiste distinguée.

La : *Rivière de Bastelica en Juin*, est une vaste toile sur laquelle M. de la Rocca a écrit, avec une émotion bien compréhensible, le souvenir toujours vivant du pays natal. Page très-décorative, inférieure cependant, me semble-t-il, aux petits poèmes émus que M. de la Rocca interprète à merveille en de moins grandes dimensions.

On ne fera pas à M. Forel le reproche de se répandre en compositions inutilement démesurées. Cet artiste sait nous en dire long en de tout petits cadres, et sa : *Terrasse du Jardin Public à Bordeaux*,

est, en même temps qu'une très jolie
peinture, un peu blaireautée, un document précieux comme une fine gravure
coloriée de Debucourt.

Il faut louer la sincérité et la grande
conviction artistique de M. Vergez, tout
en regrettant que ce peintre, à la palette
si vibrante, n'arrive pas à atténuer certaines duretés fâcheuses dans les contours.
Certes : *Le Matin dans la baie de Foues-
nant*, et : *La Pointe Sainte-Barbe, au
Conquet (Finistère)*, ont des qualités de
premier ordre, mais on voudrait voir
s'assouplir, *s'humaniser*, si j'ose dire, certaines lignes quasi-géométriques. Il y a
certainement plus de mol abandon, plus
d'imprécision vaporeuse, dans l'harmonieuse et douce nature.

L'art de M. Quinsac est un art mièvre
et joli qui peut procurer bien des succès
à notre aimable compatriote, mais lui
assurera difficilement l'immortalité —
M. Quinsac est le chroniqueur adroit des
élégances féminines, mais son fémi-

nisme est spécial et semble circonscrit à la grâce un peu maladive de cette poupée spirituelle, capiteuse et adorable qu'est la parisienne.

Le sens du *modernisme* est tellement aigu chez M. Quinsac, qu'il en arrive à nous montrer des figures mythologiques ayant conservé les yeux éveillés et les malicieuses frimousses des petits modèles de Montmartre. Ne recherchez donc pas, dans sa : *Diane,* l'orgueilleuse attitude et le sculptural profil de la fille de Jupiter. Après Falguière qui a, le premier, représenté la sœur d'Apollon dans une pose inédite et sous la suggestive maigreur d'un trottin de Belleville, M. Quinsac fait carrément litière du type consacré. J'avoue ne point aimer la mythologie dans la *Belle Hélène,* et préférer la sévère beauté grecque au nez retroussé des Yvette Guilbert. M. H. Delpech pénètre ses sujets avec un sens rare et exquis de leur vie intime. Son : *Intérieur,* son : *Coin rustique,* sont librement traités, mais avec

12

le soin minutieux de rendre les jeux multiples de la lumière.

M. Bopp du Pont s'intéresse, d'abord, aux spectacles majestueux de la nature. Je persiste à réclamer de cet artiste, un peu plus de chaleur, un peu plus de vigueur, un peu plus de lumière, mais je loue son dessin sobre et correct et sa mise en toile excellente. Les : *Côtes de Vendée*, aussi bien que les : *Bruyères à Noirmoutiers*, et les : *Chênes-verts à l'île de Noirmoutiers*, sont des œuvres consciencieuses et étudiées, qui méritent de retenir l'attention. Le sympathique Saint-Lanne n'est point, ainsi qu'on le pourrait croire, le peintre exclusif des *petites femmes*. Son : *Portrait de M. L.*, est une page magnifique, enlevée en pleine pâte avec un sentiment de vie intense qui surprend un peu, venant du charmeur et du raffiné qui sait nous tracer, avec les poudres colorées du pastel, des silhouettes capiteuses comme celle : *Tête de femme*, qui semble crier de ses lèvres humides, toutes les ivresses du baiser.

Si le portrait de l'honorable M. Félix Faure a été commandé à M. Tauzin, j'excuse à moitié cet artiste d'avoir donné dans la banalité exaspérante des images officielles. En revanche, j'applaudis à la grande harmonie et à l'effet grandiose de ses : *Pruniers en fleurs*. De Mme Annaly, nous avons revu avec plaisir des œuvres datant de cette époque heureuse où l'artiste pouvait s'entourer des conseils éclairés des Baudit et des Pelouze. Les : *Portraits,* de Mlle Berthe Sire, sont fort bien dessinés, et d'une coloration délicatement savoureuse.

La facture de M. Gardère est toujours un peu maigre, la brosse reste indécise et comme craintive, mais un grand sentiment de poésie se dégage des œuvres de ce peintre, dont le *métier* n'égale évidemment pas la conviction.

De M. Saint-Germier, nous avons, d'abord, à étudier les toiles placées, nul ne sait pourquoi ! dans le Salon Internatio-

nal. *La partie de pelote en pays basque,*
est la page la plus importante, sinon par
les dimensions, du moins par l'effort artistique. M. Saint-Germier avait à rendre,
d'une part, l'aveuglante coruscation du
ciel, et, d'autre part, à transcrire les multiples mouvements des joueurs agiles et
souples. Le tableau est bien ordonné, les
attitudes sont heureusement rendues,
mais on pourrait peut-être désirer un peu
plus d'intensité d'éclat dans la couleur.

Quant aux petites pochades de Venise
et de Séville, très intéressantes, au point
de vue documentaire dans un coin d'atelier, elles détonnent absolument dans une
exposition sérieuse, et elles témoignent
d'un sans-gêne à peine excusable, même
chez un Maître, ce qui n'est pas encore
tout à fait le cas de M. Saint-Germier.

M. Louis Cabié dont la facture robuste
et le vigoureux tempérament artistique
donnaient, il y a quelques années, de
grandes espérances à ses amis, a été mal
inspiré ou mal conseillé, en envoyant deux

vastes toiles : *Au cap Ferret*, et : *Aux
Rysics*. Si celle-ci, en effet, est lourde,
sans profondeur et sans atmosphère,
celle-là eût considérablement gagné à être
traitée dans des proportions plus modestes, car nul intérêt ne se dégage de ces
mètres carrés de sable monochrome.

M. Julien Calvé est un aimable artiste
dont il y aurait cruauté à troubler la bonne
humeur. Il me permettra, cependant, de
lui dire que mon admiration pour sa :
Lande de Peyblancan, ne va pas jusqu'au
fanatisme, et que je déplore amèrement
dans sa : *Mare dans les landes*, la présence
de cette paysanne bossue et de ces troncs
énormes qui forment, malencontreuse-
ment, à distance, des croix de Saint-André
gigantesques.

Le sympathique M. Vallet, le conserva-
teur de notre Musée municipal, a voulu
montrer à ses détracteurs systématiques
qu'il y avait un artiste véritable derrière
l'administrateur dévoué et habile. Sa : *Fin
d'orage, forêt de Fontainebleau*, un peu

poussée au noir, et surtout : *Souvenir d'Avril*, une gracieuse évocation du printemps parfumé, avec de magnifiques pommiers en fleurs, sont deux œuvres qui suffisent à justifier la haute estime dont jouit M. Vallet auprès de notre administration des Beaux-Arts. Enfin, si nous respirons avec plaisir les jolies fleurs de Mlle de Gomblat, de Mlle Eva Pradelles, de Mme Corvec-Pillot, de Mme Sébilleau-Springer, si nous saluons au passage le visage, pétillant d'esprit et de malice, de notre ami et confrère Toulouze, dû au pinceau de M. Jean Curet ; si nous mentionnons les *Paysages* de MM. Desparmet, Curtelin, Gradis, Henri Guibert, Lafitte-Dupont, Henry Furt, Sangay, Tardieu ; les *Aquarelles* de MM. Caillaud, Blayot, Mariol, Hildebrand et Fontan, les espiègles *Chatons* de M. Eloi Fouché et la belle *Nature-morte* de Mme Anna Dubois, nous pourrons quitter avec la conscience tranquille le Salon bordelais, même sans parler de celle : *Marée basse sur le bassin d'Arca-*

chon, dont j'avoue être l'auteur respon-
sable, et dont, je le sens, je dirais peut-être
plus de bien qu'il ne conviendrait.

Les galeries de la sculpture bordelaise
sont d'une pauvreté à côté de laquelle la
misère du légendaire bonhomme Job
pourrait passer pour de l'opulence. Saluons cependant la : *Course interrompue*,
du regretté Prévot, le très bel : *Ausone*,
de M. Leroux, le sympathique professeur,
de qui je préfère : *Le Buste de Fugère*,
d'une vie intense si étonnante ; le : *Saint-
Jérome*, de M. Bourlange, d'une magnifique
violence d'expression ; un buste admirable
de vieille *mémé*, de Pierre Granet, et enfin
les *Portraits* de MM. Achard, Bordelais,
Bourdon, Giraudel, Jullion et Moustié.

Voilà donc terminée, chers lecteurs,
la promenade, un peu longue peut-être,
que vous avez bien voulu faire dans les
galeries des Beaux-Arts de notre Exposition de 1895, en m'acceptant pour *cice-
rone*.

CONCLUSION

—·o·—

Je ne veux point fermer ce livre modeste sans remercier, ainsi qu'il convient, les quelques grands artistes qui ont bien voulu me suivre avec intérêt, et m'adresser de longues et aimables épitres au sujet de mes théories d'art, ceux-ci pour les approuver, ceux-là pour les combattre.

C'est de semblables discussions, élevées et courtoises, que devrait être, de temps en temps, stimulée la vie intellectuelle, car s'il est nécessaire que les lois immua-

bles du Beau ne soient pas transgressées,
s'il est utile et profitable que les arts plastiques, qui se rattachent aux sciences
exactes au moins par le dessin et la pers-
pective, soient soumis à des règles dont
le seul ignorant ose proclamer la cadu-
cité, il n'en est pas moins vrai que les dif-
férences dans la vision, les degrés divers
de l'intensité et de la qualité des sensations et la manifestation spontanée de
tempéraments opposés, sont indispensa-
bles au développement de l'Art et à sa
vie même.

Le poète l'a dit : l'ennui naquit un jour
de l'uniformité, et j'incline, en effet, à
croire que la règlementation dogmatique
de ce qui doit être admiré serait encore
plus funeste que l'extrême liberté — di-
sons la licence — de ces dernières années,
car l'une étouffe la libre éclosion des personnalités originales, tandis que l'autre y
aide, au contraire, dans une certaine mesure, en laissant toutefois au temps infail-
lible le soin de rendre à l'oubli ce qui n'a

dû qu'à un hasard, parfois inexplicable, de retenir un instant l'attention de la foule.

Il serait fort intéressant de citer ici certaines des lettres que j'ai reçues, et dans lesquelles des artistes célèbres n'ont pas craint, en des termes parfois excellents, d'expliquer leur rêve et de préciser leur idéal.

Il serait instructif au plus haut degré, d'essayer de dégager de ces opinions souvent contradictoires, des lois générales dont pourraient faire leur profit ceux qui s'intéressent aux choses de l'Art.

Je ne me crois pas, malheureusement, le droit de violer l'intimité de cette correspondance, mais j'ai le devoir d'en tirer cette brève conclusion : plus un artiste est grand, plus son œuvre s'approche de cette perfection relative à laquelle seulement peut prétendre l'effort humain, et plus il reste inquiet, angoissé, devant la distance énorme qui sépare encore le rêve qu'il a caressé de sa matérielle réalisa-

tion..Ah ! certes non, ce n'est pas chez
l'artiste véritable, même arrivé à l'apogée
d'une gloire, que se retrouve le stupide et
béat contentement de soi, et je m'honore
de m'être rencontré avec les plus compétents en cette délicate matière, en disant,
au début de cet ouvrage, que mon amour
passionné et quasi-dévotieux pour les arts
se tempérait d'une pointe d'attendrisse-
ment sur leur inévitable imperfection.
Mais, disons-le, chez nos artistes, le sou-
pir douloureux vers l'Insaisissable se
termine, uniformément, par un vaillant
chant d'espérance et un *Sursum corda!*
énergique. — Le travail acharné et opi-
niâtre, l'incessante recherche du mieux,
l'infatigable marche à l'Etoile symbolique, voilà le *Credo* de notre jeune géné-
ration, quoi qu'en disent certains névro-
sés qui délaient lugubrement des idées
faisandées en un français plutôt pénible.
Il est passé, ce temps où l'on croyait le
génie inséparable compagnon de la dé-
bauche et du désordre ; où l'artiste, mi-

partie aigrefin et *condotierri*, servait
d'épouvantail à bourgeois, où des gri-
mauds pleurnicheurs s'attendrissaient sur
les concubinages, les ivrogneries et les
escroqueries de leurs héros. — Si, attar-
dés dans notre société actuelle, dans laquelle on ne peut rien attendre que de
l'effort individuel, quelques rapins d'esta-
minet prétendent encore continuer les
farces de Marcel ou les jongleries de
Schaunard, il faut qu'on sache bien que
ces gens-là, partagés entre les ruses multiples et les démarches compliquées dont
leur étrange existence leur impose la nécessité, ne peuvent être que des incom
plets, des ratés et des impuissants.

L'Exposition de Bordeaux a eu cela d'ex
cellent, qu'elle a remis sous nos yeux les
œuvres des siècles passés et les efforts anté-
rieurs des combattants encore debout. Il
convient d'en tirer de salutaires enseigne-
ments, et de nous dire, en face du chemin
parcouru, que pour continuer à suivre
dignement la route tracée par nos pères,

et dont nul, probablement, n'atteindra jamais la limite, il faut nous ceindre fortement les reins, nous armer d'humilité et de résignation et travailler avec un invincible courage.

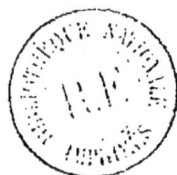

FIN

TABLE DES MATIÈRES

——+>+<+——

Bordeaux. — Imp. Vᵉ Riffaud, rue Saint-Siméon, 16.